VIE

DE

L'ABBÉ J.-M. REVERONY

L'abbé Reverony.

VIE

L'ABBÉ J.-M. REVERONY

VICAIRE GÉNÉRAL DU DIOCÈSE DE BAYEUX

LA CHAPELLE-MONTLIGEON

IMPRIMERIE-LIBRAIRIE DE NOTRE-DAME DE MONTLIGEON

1900

PRÉFACE

Sive enim vivimus, Domino vivimus;
sive morimur, Domino morimur.
Sive ergo vivimus, sive morimur,
Domini sumus.

Rom., XIV.

En apprenant la mort de notre saint ami, M. Joseph-Maurice Reverony, vicaire général du diocèse, la pensée que bientôt sa mémoire tomberait dans l'oubli remplit notre âme de tristesse.

Qui donc fera revivre cette grande figure de prêtre où la virilité et la mansuétude s'unissaient dans une harmonie parfaite ? Qui perpétuera au milieu de nous les exemples, les enseignements de cet humble serviteur de Dieu qui savait faire vibrer les cœurs à l'unisson du Cœur de N.-S. Jésus-Christ et tremper les volontés d'une énergie divine ?

Impossible pour nous d'écrire une telle vie. Tout nous manquait pour cela : nous n'avions à notre actif que notre profonde affection pour notre vénérable ami. Conscient de notre impuissance et voulant *pour la gloire de Dieu* et le bien des âmes perpétuer le souvenir de l'abbé Reverony, nous avons demandé à Dieu de nous montrer celui qu'il destinait à cette œuvre.

Le diocèse de Bayeux compte un grand nombre d'ec-clésiastiques, hommes de science et littérateurs distingués. La discrétion ne nous permit pas de nous adresser à eux. Nous avons demandé ce petit travail à un prêtre qui, tout jeune encore, vient d'entrer dans son éternité. Il réunissait plusieurs des qualités nécessaires à la réalisation de nos désirs et, par-dessus tout, il avait connu intimement et beaucoup aimé M. Reverony. En acceptant la tâche que nous lui offrions, il acquittait une dette de reconnaissance envers le saint prêtre qui l'avait comblé de bienfaits. Si la reconnaissance pèse aux âmes vulgaires, elle est douce aux nobles cœurs. Il accepta. Il sentait cependant son insuffisance : seuls, les saints savent parler des saints. Le comprenant, il s'appliqua à disparaître toutes les fois qu'il le put, pour laisser parler et agir l'abbé Reverony lui-même.

Ce travail achevé, nous désirions l'assentiment du général Anatole Reverony pour le livrer au public.

Nous nous sommes heurté contre une volonté formelle : cette biographie ne paraîtrait pas. Deux sentiments, sans doute, partageaient ce cœur : la modestie héréditaire d'un Reverony reculant devant la publicité donnée à l'un des siens, et aussi, nous n'en doutons pas, la pauvreté de l'œuvre destinée à faire revivre son frère tant aimé. L'écho de sa voix vibrait encore à son oreille, il pouvait encore compter les battements de ce cœur de Prêtre et de Français, le reconnaîtrait-on sous les traits de ce portrait qui n'était qu'une ébauche?

Quoi qu'il en soit, nous avons dû remettre dans nos cartons la biographie de notre saint ami.

Aujourd'hui la question a changé de face. Le général Reverony vient de mourir, comme il avait vécu, en chrétien et en soldat, laissant de profonds regrets à tous ceux qui aiment la France et son armée. Les membres de sa famille demeurés en ce monde, comprenant que la mémoire de l'abbé Reverony n'est pas seulement leur patrimoine, mais aussi celui de l'Église, ont consenti, non sans quelque résistance, il faut l'avouer, à la publication de cette étude posthume. Nous les en remercions. D'ailleurs tenant compte des observations, des désirs exprimés par le général, plusieurs modifications importantes ont été apportées à l'œuvre primitive. Nous avons retranché, corrigé, ajouté.

Tel qu'il est, nous espérons que ce modeste travail ne sera inutile ni à la gloire de Dieu, ni au bien des âmes. Si Dieu se révèle à nous par la création extérieure, combien plus se révèle-t-Il par l'âme de ses élus vivant, agissant, se dévouant au milieu de nous, et quel est le plus grand besoin de l'âme humaine si ce n'est Dieu ! Dieu plus connu, plus aimé, mieux servi ?

Et maintenant, cher et vénérable ami, c'est à vous que nous nous adressons : Aidez-nous, de votre intercession, à continuer le bien que vous faisiez ici-bas. Demandez à Jésus, notre doux Sauveur, comme vous vous plaisiez à l'appeler, de bénir nos efforts pour conserver le souvenir de vos exemples, de vos vertus poussées parfois jusqu'à l'héroïsme, afin que votre Maître en soit glorifié.

Faites-nous entendre au fond du cœur, quand la croix sera plus lourde, ce cri que vous aimiez à redire et qui traduisait bien votre élan constant, généreux, joyeux vers le plus parfait :

VIVE JÉSUS ! ET EN AVANT !

L'ABBÉ REVERONY

CHAPITRE PREMIER

Naissance de Maurice Reverony. — Sa famille. — Sa première jeunesse : 1836-1855.

L'homme de Dieu dont nous allons essayer de tracer la vie, Maurice-Joseph Reverony, naquit à Caen un jour de l'octave de la Nativité de Marie, le 9 septembre 1836, aux sons de l'*Angelus* du soir et fut baptisé le 11, jour où l'on célébrait dans l'église de Saint-Jean, sa paroisse, la solennité de la Nativité de la sainte Mère de Dieu. Le souvenir de cette circonstance lui était des plus agréables, il était heureux d'avoir fait son entrée dans la vie presque au jour anniversaire de la naissance de celle qu'il aimait à appeler sa douce et bonne Mère.

Les parents de cet enfant de bénédiction joignaient à la noblesse que donne la pratique des vertus chrétiennes celle méritée par les ancêtres, soit sur les champs de bataille, soit dans la magistrature.

Son père, Félix-Joseph Reverony (1), descendait d'une vieille famille italienne, venue en France à la suite des Médicis ; il avait le titre de chevalier, mais ses armes portent la couronne de comte. Cette distinction nouvelle aurait été accordée à la suite de services rendus par un de ses membres à la ville de Lyon. Disons, cependant, que la foi éclairée et vive de M. Félix Reverony lui faisait apprécier à leur juste valeur toutes ces distinctions humaines, aussi s'en montrait-il peu jaloux. Du reste, la délicatesse de son esprit, ses manières distinguées, et son grand air révélaient assez en lui la noblesse de son origine.

Il avait un frère et deux sœurs ; son frère, plus jeune que lui, mourut en mer au retour d'un voyage à la Martinique où il était allé visiter une riche exploitation, propriété de sa famille (2), et deux sœurs dont l'une mourut sans s'être mariée ; l'autre épousa le général Colin. C'est la tante Amélie, si dévouée à ses neveux, dont nous aurons occasion de parler plusieurs fois dans le cours de cette histoire.

La mère de Maurice, Marie-Valérie Le Forestier de Vendeuvre, était la cinquième des onze enfants (3) d'Augustin Le Forestier, comte de Vendeuvre, et de Louise-Henriette-Aimée de Vitray-Wicardel. Par son père elle appartenait à

---

(1) L'orthographe primitive du nom de la famille était Reveroni, elle a été conservée avec la particule *de* par une branche de la famille qui vit dans les environs de Versailles.

L'écusson des Reverony est coupé et porte en chef de gueules avec étoile d'or au point du chef, flanquée de deux fleurs de lis florentines d'or et en pointé écu d'or à quatre bâtons de gueules, orlé de sinople.

(2) M. Reverony fut si affecté de cette mort de son frère qu'il vendit à des conditions extrêmement douces la propriété de la Martinique lorsque ses fils furent en âge de voyager, afin de leur ôter tout désir d'aller la visiter.

(3) De ce mariage sont nés :

1° En 1811, Augusta, mariée au comte de Thomas de Labarthe.

2° En 1812, Anatole, marié à Mlle Prevost du Vernois.

3° Raymond, né en 1813, général de Vendeuvre, marié à Mlle de Phillemain.

une famille aussi remarquable par son ancienneté que par ses vertus. Si cette famille pouvait, à bon droit, se dire issue des Le Forestier, devenus, au xᵉ siècle, comtes de Flandre (1), elle avait à citer, en des temps plus récents, la courageuse attitude gardée, en 1791, par Jacques de Vendeuvre. Il avait, à titre de maire, refusé de faire prêter serment à la constitution civile du clergé. A ce sujet il publia un discours et un mémoire qui lui méritèrent les félicitations Mᵍʳ de Cheylus, évêque de Bayeux. Pour juger de la foi, du courage et de la grandeur d'âme de l'auteur de ce mémoire, il faut le lire en entier, en ne perdant pas de vue la date de sa publication, c'est-à-dire un des moments les plus critiques de cette malheureuse époque.

En 1816, M. Augustin de Vendeuvre fut élu maire de Caen. C'est sous sa sage administration que furent construits le pont de Vaucelles et le quai auquel la reconnaissance de ses concitoyens donna son nom. De 1824 à 1830, M. de Vendeuvre remplit les fonctions de préfet dans les départements d'Ille-et-Vilaine (1824-1827), de Tarn-et-Garonne (1827) ; de la Vienne (1827-1830) et de la Mozelle (avril 1830). Partout, quelque court qu'ait été son séjour, il a laissé les meilleurs souvenirs.

Inébranlablement attaché à la royauté légitime, il refusa le serment de fidélité à la monarchie révolutionnaire, et se condamna ainsi lui-même à rentrer dans la vie privée.

4º Henri, mort en Afrique en 1840, né en 1815.
5º Valérie, née en 1816, mariée à M. Reverony.
6º En 1817, Fernand, mort en 1818.
7º En 1818, Émeric, marié à Mˡˡᵉ de Féron.
8º En 1820, Octave, mort en 1860.
9º En 1822, Blanche, mariée au marquis de la Sayette (aujourd'hui Petite Sœur des Pauvres).
10º En 1823,.....
11º En 1825, Charles, marié avec Mˡˡᵉ de Boishoudy.

(1) On peut consulter sur ce sujet l'*Histoire de Normandie*, par DUMOULIN.

Il était officier de la Légion d'honneur, et à ce titre il fit élever sa cinquième enfant dans l'établissement de Saint-Denis. Héritière d'un beau nom et de nobles traditions, Marie-Valérie sut y répondre par le soin qu'elle mit à tremper son caractère et à donner à ses sentiments une grande élévation. Elle n'avait pas vingt ans quand elle épousa, le 8 décembre 1835, Félix Reverony, et elle eut le bonheur de voir son union trois fois bénie de Dieu par la naissance de trois fils : Maurice, Henri et Anatole. Elle réalisait si excellemment le portrait de la femme forte dont parle l'Écriture, qu'elle s'imposait au respect de tous et s'attira l'admiration de ceux qui eurent avec elle des rapports plus fréquents. Aussi, peut-on affirmer, sans crainte de se tromper, que sa mémoire est encore en vénération parmi ceux qui eurent le bonheur de la connaître.

M. et Mme Reverony avaient fixé leur résidence à Caen, rue Guilbert, non loin de l'hôtel des de Vendeuvre.

Ce fut là que s'écoulèrent les premières années de Maurice.

D'apparence assez frêle, l'enfant était cependant plein de vie. Dès ses premières années, il avait une physionomie sympathiquement originale. Les cheveux blonds, ses yeux bruns légèrement voilés, mais doux et intelligents, son regard candide, son front haut et déjà bien dessiné, et, dans sa prononciation, un zézaiement qui ne déplaisait nullement, donnaient à sa petite personne un charme qu'un caractère gai, franc et ouvert augmentait encore et que les années ne devaient point détruire. Une pointe de malice mettait en relief cet heureux ensemble. Avec une finesse d'observation très frappante, il saisissait vite les travers de ceux qu'il connaissait, et il mettait à les reproduire une vérité et une grâce réellement comiques. « Je ne dîne pas ici ce soir : je suis invité chez Mme *** », disait le bambin d'un ton majestueux

Armoiries des Reverony.

Le Forestier de Vendeuvre

et avec une magistrale révérence. C'était la gravité un peu
solennelle d'une personne de sa famille qui devenait le thème
de sa mimique.

Il y avait à vrai dire une ombre au tableau. Maurice annonçait une intention très arrêtée de ne rien apprendre. Sa
mère s'était réservé une part très large dans l'éducation
première de son fils : chaque jour, elle le conduisait elle-même
dans un petit pensionnat, et au retour elle s'imposait la tâche
de lui faire apprendre ses leçons. Œuvre de patience héroïque ! Tantôt, l'enfant intelligent, mais entêté, feignait de ne
pas comprendre et faisait aux questions les plus élémentaires
les réponses les plus déconcertantes; tantôt, il avait l'air
d'étudier ses leçons et, quand venait l'heure de les réciter,
il n'en savait pas un mot. Les reproches les plus vifs semblaient le laisser indifférent : par son calme imperturbable, il
démontait sa mère qui, naturellement très vive, éprouvait
alors, avouait-elle plus tard, de violentes tentations de le
souffleter. Afin de se maîtriser elle-même et de ne se pas
mettre dans l'impossibilité de tenir tête au petit obstiné, elle
se captiva en des ouvrages manuels assez compliqués.
L'attention qu'elle y portait servait de dérivatif à son impatience et Maurice n'avait aucun espoir de voir abréger la
séance d'étude, prix de la promenade quotidienne. Il se
rendit enfin. Mais à mesure que le goût du travail pénétrait
sa volonté, l'impression de la bonté de sa mère et le sentiment de l'avoir contristée s'emparaient de son âme. Plus
tard, la vue seule de ces ouvrages auxquels sa mère s'était
appliquée pour le vaincre le remplissait d'émotion. Et quand,
après la mort de Mᵐᵉ Reverony, on exprima l'intention de les
lui offrir à titre de souvenir : « Oh ! non, répondit-il avec
une sorte d'effroi. Oh ! non, pas cela, je me croirais encore
à ces malheureux temps. »

Porté à la piété par les exemples et les leçons de parents

profondément chrétiens, il se montrait docile à entrer dans
cette voie. Devenu prêtre, il racontait volontiers certains
détails de l'éducation religieuse qu'il avait reçue dans la maison paternelle. « Mon père, disait-il, nous faisait venir dans
sa chambre chaque dimanche à l'heure convenable pour nous
rendre à temps à la grand' messe, il nous cherchait l'office
dans nos livres, nous donnait des sous pour la quête: nous
partions, et, une fois arrivés, oh ! nous chantions!... » Vint
l'âge de la première communion. Extérieurement Maurice
était un bon petit enfant, mais que rien d'extraordinaire ne
distinguait de ses camarades. Le 22 juin 1848, il recevait
pour la première fois le Dieu de l'Eucharistie dans l'église
Saint-Jean. Que se passa-t-il en cette rencontre entre Jésus
et l'âme du communiant? Maurice ne le dit ni ne l'écrivit :
un mot cependant lui échappa un jour dans un moment
d'expansion : « Nous avions lavé de nos larmes ce chœur
et ce sanctuaire ! » Mot touchant et qui permet de conclure
que les divines tendresses de Jésus avaient été profondément
ressenties par cet enfant de bénédiction.

A partir de cette époque, en effet, l'âme de Maurice prend
un nouvel essor. Aimant le bon Dieu davantage, chérissant
de plus en plus ses parents, à ces deux amours vient s'en
joindre un troisième, l'amour des pauvres. Il veut payer de
sa personne auprès d'eux et pour les soulager il ira jusqu'à
désobéir.

Peu de temps après sa première communion, vers l'âge de
treize ou quatorze ans, il entend dire qu'une pauvre femme
du quartier Saint-Jean grelotte, qu'elle est malade et sans
secours; il a vu sa mère emporter des tricots roulés dans une
couverture, et écrire au médecin de venir la visiter... Tout
cela est bien... Mais personne ne pense donc à lui donner
du bois: et si le bois est envoyé, qui fera le feu de la pauvre
vieille ? Le voilà bien perplexe ! Il lui est absolument défendu

de sortir seul; son père et sa mère ont placé haut dans son âme le sentiment de l'obéissance! « S'il allait leur demander la permission? — Tous deux sont absents... S'il profitait de cette absence? — Il marcherait si vite! — Il serait de retour avant eux, et la bonne vieille aurait du feu! » Décidément la tentation l'emporte : il prend un petit fagot qu'il cache sous son manteau, puis trois grosses bûches pour que ce ne soit pas un feu de paille, et le voilà parti ; le jour tombe et cette demi-obscurité l'enhardit. À peine a-t-il fait quelques pas qu'il aperçoit en face de lui, à l'extrémité de la rue, M. et Mme Reverony qui rentraient ensemble; cette fois, se sentant en flagrant délit de désobéissance devant l'autorité paternelle et maternelle si respectée d'ordinaire, il recule et va rentrer; mais voilà qu'une voiture chargée de bourrées, arrivant dans la rue, le cache à ses parents. Ne craignant plus d'être vu, le courage revient.

Une fois le danger passé, il prend le pas de course, monte rapidement les quatre étages qui le séparent de la mansarde indiquée, et entre comme une bombe. La vieille jette un cri de frayeur; mais déjà il a disposé le bois, veut allumer le feu; dans son trouble, il a mis les bûches en dessous, le fagot en dessus : rien ne prend... Enfin il rétablit l'ordre des choses et repart triomphant, quand, après avoir rempli la chambre de fumée, le feu commence à pétiller dans l'âtre... Le retour fut moins rapide que le départ; à mesure qu'il approche, il s'inquiète davantage... Si la porte allait être fermée?... Si l'on s'était aperçu de son absence?... Les deux craintes furent justifiées; sa mère, de sa fenêtre, surveillait son retour, et il fallait sonner pour rentrer; et il fallait entendre le domestique lui dire : « Monsieur Maurice, Madame vous demande dans sa chambre. » Ce soir-là M. Maurice ne parut pas à la table de famille pour dîner, et on ne le revit que le lendemain matin.

En punissant sa désobéissance, ses parents durent sans doute remercier Dieu de n'avoir à le reprendre que pour de telles fautes.

Au reste, ses amusements à cet âge deviennent plus sérieux ; une de ses grandes passions est pour les vers à soie. Sa mère, s'y prêtant de bonne grâce, lui abandonne à cet effet une chambre du second étage, et là, chaque printemps voit éclore plus de trois cents des merveilleux travailleurs. La délicatesse de cette âme d'enfant s'affectionne aux animaux comme l'ont fait beaucoup de nos saints les plus illustres, tels que saint Jean, saint François d'Assise, saint Antoine de Padoue, saint François de Sales et tant d'autres. On aime à voir Maurice demander des nouvelles à sa digne mère des truites qu'il a mises dans un réservoir du jardin, comme il lui en donne d'un petit oiseau dont il prenait soin. Tout cela est enfantin, sans doute, mais Maurice est encore un enfant et tous ces petits détails sont le réveil d'une des plus nobles qualités de l'âme humaine : la délicatesse. C'est en effet à partir de cette époque que l'on voit se développer et grandir dans cette nature exquise cette belle qualité qui fut comme la caractéristique de toute sa vie.

Maurice avait quatorze ans. Il était temps de l'appliquer davantage à un travail sérieux. Ses parents décidèrent de demander pour lui et pour son frère aîné la culture de l'esprit et le perfectionnement du caractère à l'établissement Sainte-Marie.

C'était l'époque où le prêtre à l'âme élevée, au cœur large, à l'esprit distingué, qui s'appelait M. Mabire, venait de fonder aux portes de Caen cette institution. Avec le concours d'auxiliaires dignes de lui, il offrait aux familles pour leurs enfants les garanties les plus sérieuses d'une éducation foncièrement chrétienne alliée à l'instruction la plus solide et la plus variée ; aux enfants, un second foyer dans lequel une affection vraiment paternelle était le meilleur soutien de l'autorité.

Maurice arriva dans cette maison au mois d'octobre 1850. Peu de temps après, il en décrit les charmes dans une longue lettre à son cher Anatole. Il y a bien un peu d'inexpérience dans cette description et l'orthographe et la syntaxe y sont au moins douteuses, mais il s'y révèle une réelle faculté d'observation et il s'y rencontre des mots touchants. J'y trouve cette belle expression de sa dévotion à la Très Sainte Vierge : « Au fond de ce couloir est une chapelle assez grande mais trop basse. L'autel est assez gentil ; d'un côté, est la statue de la Sainte Vierge, notre patronne à tous : ô cher ami, recours toujours à elle dans les tentations, tu sais que tout ce qu'on lui demande avec ferveur elle l'accorde ; hélas ! tu es encore trop jeune pour avoir éprouvé la douceur des grâces de cette bonne Mère ; non pas qu'elle ne t'en ait accordé beaucoup, mais à ton âge on ne réfléchit pas. » Et en quels termes affectueux il apprécie dans les lignes suivantes le dévouement de ses maîtres : « Enfin, cher Anatole, tu ne peux te figurer les douces émotions que nous éprouvons dans ce séjour de bonheur et de paix avec des maîtres qui nous traitent comme des enfants d'une même famille. Sans doute, il en coûte pour quitter un bon père, une excellente mère, un bon petit frère, mais comme je te dis : ces messieurs nous traitent comme leurs enfants, redeviennent élèves pendant les récréations. »

Ce que fut Sainte-Marie pour la culture intellectuelle de Maurice, ses notes hebdomadaires, ses succès, les progrès rapides réalisés dans son style et sensibles pour ainsi dire d'une lettre à l'autre nous permettent de le constater avec précision. Il ne dut pas les résultats acquis à sa seule facilité naturelle. Le niveau de ses notes d'étude, de conduite, de discipline est la meilleure preuve de son application soutenue. Ses lettres aussi nous le montrent laborieux, difficile à se contenter lui-même : « J'ai passé, ce matin, la première séance de mon examen : je ne suis pas content, mais j'espère me rattraper dans les deux autres (25 juillet 1851). » « Notre examen commencera demain, j'espère le passer assez bien, car je l'ai bien étudié (19 juillet 1852). » — « M. Auvray a corrigé nos devoirs de vacances, il a l'air assez content du mien (7 novembre 1852). » — « Je voudrais bien que vous m'accordassiez l'autorisation d'interrompre le dessin pendant ces trois derniers mois : je crois en effet avoir vraiment besoin pour mes autres études des deux heures que j'y emploie par semaine (29 avril 1855). » — « J'aurais encore bien autre chose à te dire, mais je suis resté pendant la promenade pour apprendre mon histoire et non pas pour causer aussi agréablement que je le fais depuis un quart d'heure. Nous travaillons de plus en plus sérieusement (11 juillet 1855). »

Cette date est voisine de celle où Maurice devait subir les épreuves du baccalauréat ès lettres. Y avait-il, en réalité, dans sa préparation des lacunes que ses notes ne font pas soupçonner? S'exagérait-il la mesure d'application qu'il aurait dû fournir? ou bien l'humilité le portait-elle à diminuer l'éclat d'un succès brillant? Toujours est-il que plus tard dans l'intimité il s'exprimait ainsi au sujet de cet examen : « J'avais été un paresseux, un abominable paresseux et nous approchions de l'épreuve du baccalauréat, et nous étions les premiers élèves de cette chère maison de Sainte-Marie!... Tout à coup je compris de quelle conséquence ma paresse allait être suivie. Les examinateurs nous observaient de près... Les parents soucieux de l'éducation de leurs enfants allaient savoir à quoi s'en tenir sur la force des études dans cette maison nouvellement fondée..... Nous allions servir d'échantillon!... Après quelques jours de rudes angoisses, mon parti fut pris. Aussitôt après l'examen qui devait me couvrir de confusion, je me lèverais devant les examinateurs et devant la foule, puis d'une voix forte je dirais : « Mes- « sieurs, j'ai été élevé dans une institution qui doit rougir « de moi : je le mérite. J'ai été paresseux à ce point « qu'ayant eu les maîtres les plus distingués, tout leur savoir « et leur zèle ont échoué contre ma mauvaise volonté ; mais « ma honte ne sera pas stérile ; je reviendrai ici l'année « prochaine, et vous verrez, Messieurs, ce que fait dans un « an un élève de Sainte-Marie. » Ce projet me donna du courage. Je ne me préoccupai plus de l'examen. La Provi- dence me tint compte de ma bonne volonté, souffla aux exa- minateurs les rares questions auxquelles je pouvais répondre et me fit recevoir avec éloges... Je renfermai alors mes frais d'éloquence, mais non l'expansion de mon affectueuse recon- naissance pour mes chers maîtres de Sainte-Marie. »

Le baccalauréat ès lettres ne marquait pas cependant le terme du séjour de Maurice à Sainte-Marie, ni la limite des connaissances qu'il y devait acquérir. Au mois d'octobre suivant, il y revenait pour se livrer plus spécialement à l'étude des sciences. Afin de réaliser dans cette étude des progrès plus complets et plus rapides, il demanda et obtint de suivre à Caen les cours professés par M. Chauvin et par M. Eudes Deslongchamp. En le lui accordant, M. Mabire lui donnait une grande marque de confiance, puisque de cette façon Maurice devenait son maître une notable partie de la journée du lundi et du vendredi. « A une heure et demie j'arrive au cours de physique (M. Deslongchamp) qui finit à 2 heures et demie ; je viens alors chez ma tante où je tra- vaille jusqu'à 4 heures et demie environ ; je dîne à 5 heures, et à 6 heures je suis au jardin des plantes pour le cours de botanique. » Maurice se montra digne de la confiance dont il était l'objet en la mettant à profit par un travail sérieux.

« J'ai quitté Sainte-Marie hier à midi pour aller chez M. Chauvin, auquel j'ai présenté quatre rédactions : il a été content et m'a engagé à continuer. » — « Lundi et hier, nous avons eu une tempête qui n'a pas cessé. Lundi soir, cependant, j'ai bravé la pluie et le vent, et je suis arrivé au cours le premier pour m'entendre féliciter par M. Chauvin sur mon courage. »

L'ensemble des lettres de cette année montre d'une manière péremptoire que l'application de Maurice ne se démentit pas un instant. Néanmoins, toujours modeste, il écrivait à quelques jours de l'examen : « Qu'Henri ne se monte pas la tête d'assister à mon examen, car il pourrait se faire sans miracle que tout fût fini samedi (jour de l'épreuve écrite). » Tout ne fut pas fini le samedi, et, le lundi suivant (18 août 1856), Maurice joignait à son titre de bachelier ès lettres celui de bachelier ès sciences.

Il remportait de cette année d'études scientifiques plus qu'un diplôme. Par cela même que son travail avait été soutenu, les connaissances variées que comportait le programme des examens avaient jeté dans son esprit de profondes racines. On pouvait le constater plus tard quand, saisissant au passage une rare journée de liberté, il allait à la campagne chercher un repos que ses nombreuses occupations auraient demandé plus fréquent et plus prolongé. « Il émerveillait son entourage, raconte un témoin oculaire, par la sûreté de ses observations. Pas une petite fleur des champs ni des bois qu'il ne classât comme si la botanique eût occupé tous ses loisirs; pas un insecte, une libellule dont il n'indiquât, avec la famille, le genre, l'espèce, les habitudes particulières. » Il n'est pas besoin de dire que cette science n'avait pas desséché son cœur, mais au contraire l'avait élargi. Devenu prêtre, il aimait à redire : « Aimez Dieu ! Oh ! aimez ce Tout-Puissant si bon ; aimez-le au travers de ses œuvres... puis aimez les créatures sorties de ses mains, les oiseaux, les fleurs : tout cela chante sa gloire et les cœurs purs le trouvent dans tout. » Ce que recommandait le prêtre, le jeune étudiant des cours de sciences, on peut le dire sans témérité, le pratiquait déjà.

Cette dernière année de Sainte-Marie avait été témoin dans l'âme de Maurice d'un travail autrement important que celui de ses études : le travail de sa formation religieuse et morale.

Ce travail si heureusement commencé dans la maison paternelle n'avait pas subi un seul instant d'interruption. La sollicitude de sa mère le suivait à Sainte-Marie comme elle le suivra à Saint-Sulpice. Maurice était heureux de se laisser pénétrer par l'influence maternelle et il s'établissait entre cette mère et ce fils, si bien faits pour se comprendre, une douce et confiante intimité.

Il écrivait : « Ma bien chère maman, l'autre jour tu parus désirer savoir le jour où nous ferions notre Jubilé, pour t'unir à nous, comme autrefois, bonne mère, tu m'accompagnais toujours à la sainte Table. Ce sera dimanche prochain. Oh ! en ce beau jour si nous ne sommes pas réunis, qu'au moins nos esprits le soient autant que quand ensemble nous recevions le divin Sacrement de l'Eucharistie. Oh ! oui, je prierai pour toi et pour bon petit père : oui, tu prieras pour moi; demande, je t'en prie, à Anatole une prière pour ses frères qui l'aiment tant. »

La piété de Maurice influait sur toute sa vie et le préparait admirablement à recueillir tous les conseils, toutes les observations de M. Mabire, cet éducateur si consommé. Il les gravait avec soin dans son cœur. Il parle à sa mère dans une lettre d'une opération qu'hésitait à subir une personne de leurs amies : « Dis-lui que, pour faire plaisir à sa mère, elle aurait bien pu supporter cette opération, car M. Mabire nous disait encore l'autre jour à la lecture spirituelle que si on savait ce que sa mère a fait et fait encore tous les jours pour soi, on tomberait à genoux pour la remercier (7 novembre 1851). »

L'enfant de quinze ans qui se montre si vivement frappé d'une telle parole a lui-même, à n'en pas douter, pour ses parents une grande tendresse. Ce sentiment respire dès lors dans toutes ses lettres. L'expression, il est vrai, en est contenue, mais on y sent une affection profonde et forte.

On y voit aussi combien il prend au sérieux son rôle d'aîné. Il transmet fidèlement à ses parents les notes hebdomadaires de ses frères (car le plus jeune était venu rejoindre ses deux aînés); il s'intéresse extrêmement aux félicitations qu'ils obtiennent; surtout, si leur santé est éprouvée, il a pour eux une sollicitude touchante. Un de ses frères éprouve au côté une douleur dont le caractère paraît inquiétant : « J'ai voulu, écrit Maurice à ses parents, assister à la consultation afin de vous en rendre un compte bien exact. » Il prélude ainsi au dévouement qu'il témoignera toujours à ses frères, surtout aux heures difficiles.

Or cette âme si élevée, et déjà si riche de vraie piété, prit dans la dernière année passée à Sainte-Marie un essor nouveau et très puissant. La retraite que fit Maurice au début de cette année le pénétra fortement. Voici une page de ses notes de retraite qui témoigne une action décisive de la grâce sur son âme et résume en quelque sorte d'avance toute son année.

« Après avoir fait une retraite sérieuse, je prends la résolution de me donner tout entier pour toujours à Dieu.

« Afin de persister dans les bons sentiments que Dieu a bien voulu développer dans mon cœur pendant ces jours de grâce et de bénédiction, je prends en outre la résolution :

— de me rappeler partout et toujours la sainte présence de mon Dieu ;

— d'agir toujours et partout pour mon Dieu. Tout pour Dieu, rien pour le monde ;

— de faire aussi souvent que mon Directeur voudra me le permettre la sainte Communion ;

— de réciter tous les soirs le *Memorare* pour obtenir de la bienheureuse et immaculée Vierge Marie, de connaître, de mériter, de suivre ma vocation et ainsi de faire mon salut ;

— de faire tous mes efforts pour contribuer autant que possible à la sanctification de mes condisciples...

« O Cœur immaculé de la plus pure des Vierges, je vous consacre ces résolutions. Bénissez-les et offrez-les à votre divin Fils ! Gloire à Dieu ! Gloire à Marie ! »

Le choix de ces moyens de persévérance porte le cachet d'une haute piété. Ils expriment la plus filiale dévotion envers la Très Sainte Vierge et l'on est heureux d'y retrouver comme un écho de la proclamation du dogme de l'Immaculée-Conception. Et quel saint enthousiasme déborde dans ce cri final : « Gloire à Dieu ! Gloire à Marie ! »

Au point de vue de l'histoire de cette âme, deux choses doivent y être remarquées avec soin. C'est d'abord la pensée de sa vocation. Il en confie le souci à la Très Sainte Vierge, et les mots qu'il emploie révèlent son caractère net, pratique, généreux : « connaître, mériter, suivre ma vocation ». Ces mots éveillent tout naturellement l'idée de la vocation sacerdotale, encore qu'ils ne la manifestent pas explicitement. C'était bien, en réalité, l'idée de Maurice même avant cette époque : lui-même déclare dans des notes d'un autre temps qu'elle était en lui antérieurement à sa première communion et un de ses amis les plus intimes a raconté que, dès son année de troisième, il en avait reçu la confidence de Maurice lui-même. Il suffit de noter ce point en ce moment : la suite de cette histoire nous donnera occasion d'y revenir. Mais quelle âme que celle de ce jeune homme qui, à dix-neuf ans, prend pour devise : « Tout pour Dieu ! »

La seconde chose à signaler et qui s'harmonise admirablement avec la première, c'est ce que Maurice se propose de faire pour ses condisciples. Il tint cette résolution, et, si ses condisciples plaisantaient quelque peu de l'entendre répéter souvent : « *Vanitas vanitatum et omnia vanitas præter amare Deum et illi soli servire* : Vanité des vanités et tout est vanité hors d'aimer Dieu et le servir seul, » — s'ils appelaient cette maxime sa scie, — ils n'en subissaient pas moins la douce et bienfaisante influence de sa parole quelquefois, de ses exemples toujours. Ce fut même sous cette influence que se nouèrent plusieurs de ces amitiés dont nous retrouverons les manifestations dans le cours de sa vie, et qui ne constitueront pas l'aspect le moins touchant de son ministère. « De demeure permanente il n'y en a ici-bas pour personne ! Il n'y en a pas d'autre que le ciel ! Toute notre vie doit donc tendre là ! et l'amitié vraie doit envisager et préparer cette vie éternelle dans ceux que nous aimons. » Le prêtre qui écrivait cela n'avait pas eu à transformer beaucoup la résolution du jeune étudiant « de faire tous ses efforts pour contribuer autant que possible à la sanctification de ses condisciples ».

Il n'est pas sans intérêt de rapporter ici un épisode de la vie de Maurice à cette époque.

Au mois de mai 1856, l'abbé Combalot, le célèbre missionnaire, vint donner une station à Saint-Jean de Caen. On sait quel entraînement il exerçait partout où il passait. Il trouva dans la ville de Caen le même enthousiasme, encore que les hardiesses de son éloquence et les audaces de son style parussent excessives à la réserve des Normands. Mau-

rice Reverony désira participer au bonheur d'entendre ces
extraordinaires prédications. Il demanda et obtint la faveur
d'assister à quelques-uns des sermons de l'abbé Combalot,
et il est curieux de lire les appréciations que porta sur eux
le futur prédicateur qui devait savoir, lui aussi, grouper
autour de sa chaire des auditoires si nombreux et si variés.
« Je t'avoue, écrit-il à son père, que j'aurais vivement
regretté de ne pas entendre ce sermon, car enfin c'était un
sermon, et un sermon sérieux, raisonnable, raisonné, pratique et animé d'un zèle et d'une énergie aussi grands que
ceux que M. Combalot a montrés dans les conférences précédentes ; mais zèle et énergie contenus dans des bornes
parfaitement et constamment convenables. Ainsi je n'ai pas
remarqué d'exagération, on n'a pas souri une seule fois, et,
du reste, il n'a rien dit de capable d'exciter le rire. Le sujet
par lui-même était assez sérieux et assez magnifique pour
l'inspirer et lui faire prononcer un discours vraiment remarquable : *Statutum est hominibus semel mori.* Voilà son
texte... D'abord, ce qui m'a plu dans son sermon, c'est qu'il
n'a pas envisagé et traité son sujet comme les prédicateurs
le traitent souvent, en s'appliquant presque toujours à effrayer
leur auditoire en lui mettant sous les yeux les terreurs de
l'agonie et le déchirement de la mort. Le P. Combalot s'est
attaché à faire désirer et prendre les moyens de bien mourir. » Après cette remarque qui procède d'une âme très
chrétienne et d'une intelligence délicate, venait l'analyse très
méthodique du sermon, et, en résumant le second point,
Maurice écrivait : « Il a dit jusqu'à quel point l'amour de
Dieu en lui-même, l'amour de Dieu dans le prochain, peut
faire mépriser la vie ; il a eu un passage sur le dévouement
qui était vraiment entraînant. »
La même lettre parle d'un autre sermon auquel Maurice
avait assisté deux jours après : « J'ai été content du sermon

d'hier, je l'ai cependant un peu moins aimé que celui d'avant-hier. Mais c'était encore un sermon, et un beau sermon, où chacun pouvait prendre et s'appliquer. « Que servirait à « l'homme de gagner l'univers, s'il vient à perdre son âme? » et il a parlé pendant près d'une heure sur le salut... Dans le second point, il a dit combien il est étrange que cette affaire du salut soit négligée, soit méconnue...

« ...La vie est un instant presque insaisissable pendant « lequel Dieu nous place entre le ciel et l'enfer et nous « demande un oui ou un non. Et on n'y pense pas : et on a « l'air de croire que le fossoyeur a la clef du néant dans sa « poche! » Qu'avait-il besoin de dire ces derniers mots, qui, après tout, ne sont pas inconvenants, mais qui, par leur âpreté et leur énergie, gâtent un peu le passage magnifique après lequel ils ont été prononcés? » Et il ajoutait encore une autre critique : « Dans la première partie, il a dit quelque chose qui m'a choqué davantage. Il disait que le salut est une affaire absolument nécessaire pour tous. Il s'écrie : « Que je porte une couronne ou un bonnet de coton, que je « sois revêtu d'un vêtement magnifique ou d'une blouse, que « je fasse des sabots ou des livres, il faut que je me sauve! » C'est vrai, mais il me semble qu'il fallait le dire autrement... Je comprendrais un aumônier adressant ces paroles à de vieux grognards, mais je ne les comprends pas dans la bouche de l'abbé Combalot s'adressant à la société de Caen, aux hommes lettrés et savants, aux bonnes dévotes de Saint-Jean... » On peut ne pas souscrire à tous les jugements du jeune homme : il est impossible de ne pas lui reconnaître déjà une vraie maturité.

L'obtention du diplôme de bachelier ès sciences mettait fin à la période que Maurice devait passer comme élève à Sainte-Marie. Elle ne faisait point cesser l'intérêt et l'amour qu'il portait à cette maison, ni l'affectueuse et reconnaissante vénération dont il entourait ses maîtres. L'année suivante, nous le voyons enregistrer avec bonheur les succès remportés aux examens par les élèves de l'établissement. Entré au séminaire, il manifeste une joie véritable en apprenant que Sainte-Marie a enfin groupé cent élèves. Ordonné prêtre, il voudra que M. Mabire l'accompagne à l'autel le jour de sa première messe solennelle et qu'un autre des professeurs de la maison, M. Langlois, porte la parole dans la chaire de Saint-Jean à cette même occasion. Et pendant tout son ministère, il ne laissera jamais passer une occasion de montrer quel fidèle attachement il aura gardé à son cher Sainte-Marie et à ses bons directeurs.

CHAPITRE II

Écoles de droit et de médecine. — Étude
de sa vocation.

La fin des humanités est pour le jeune homme une heure grave, souvent décisive. Conscient de son indépendance en face des carrières qui s'ouvrent devant lui, n'ayant plus le frein de la vie commune menée jusque-là avec ses condisciples, il jouit pleinement des vacances qui le séparent de son entrée dans une école supérieure.

Une question importante, cependant, s'impose aux réflexions du jeune homme sérieux : la question de son avenir, de sa vocation.

Aux vacances de 1855, Maurice Reverony avait l'âme pleine de ces graves pensées : il avait entendu l'appel divin vers le sacerdoce. Une raison que nous dirons plus loin l'avait empêché de manifester ses désirs à ses parents. Ceux-ci avaient exprimé la volonté que leur fils aîné s'appliquât à l'étude du droit. Maurice se décida de bon cœur à obéir et ses vacances n'en furent ni moins gaies ni moins animées.

A Fourneaux, où ses parents avaient alors une maison de campagne, ou bien à Vendeuvre, au château de la famille de sa mère, il fit nombre de parties de chasse et de pêche. Il avait tant de goût pour ces deux exercices qu'au moment d'examiner sa vocation d'une manière définitive, il les comptera expressément parmi les choses qui le pourraient retenir dans le monde. La chasse aura une partie des derniers jours qu'il passera dans sa famille avant d'entrer au séminaire, et il sera, comme il le disait gaiement plus tard, « enchanté d'avoir pu décharger sur le dos d'un lièvre le fusil qu'il ne devait plus toucher » ! Et du fond de sa cellule à Issy, il enverra à son frère encore inexpérimenté en cet art les conseils de sa propre expérience : « Je recommande à Anatole les haies le matin. »

Malgré tout le charme de vacances ainsi passées, Maurice sut les abréger afin d'en consacrer les derniers jours à une sérieuse retraite qu'il alla suivre à Sainte-Marie à la fin d'octobre, et ce fut sous l'impression des fortes pensées de cette retraite qu'il commença son existence d'étudiant en droit.

Assidu au cours, appliqué au travail, il rédigeait avec soin les notes prises à la hâte pendant les leçons des professeurs, et plus tard ses cahiers devinrent pour plusieurs un secours fort apprécié. Des succès brillants obtenus dans les examens le payèrent de ses efforts : « Je sors de l'examen, écrivait-il le 10 août 1857 ; je ne me suis pas du tout intimidé et j'ai attrapé trois blanches. » L'année suivante, il était bachelier en droit et, le 10 août 1859, il soutenait brillamment la thèse qui lui obtenait le diplôme de licencié (1).

En traitant du ministère sacerdotal de l'abbé Reverony, je raconterai un fait qui prouvera quelle estime son caractère avait inspiré à ses maîtres. Quelques lignes d'une lettre de sa mère suffisent à montrer comment ils le jugeaient sous le rapport des connaissances acquises par lui dans les sciences juridiques :

---

(1) La thèse avait pour sujet : *De l'autorité de la chose jugée*. La question avait ses difficultés. Elle était traitée dans la thèse, non pas avec des reproductions de cours ou des extraits de livres, mais d'une façon toute personnelle : aux yeux de bons juges, ce n'était pas une œuvre de jeune homme.

« Ton père a vu M. Bertauld qui lui a exprimé les regrets
les plus sincères sur ton compte : il dit qu'il ne peut se consoler de ton départ, qu'il ne peut pas s'habituer à ne pas
te voir sur les bancs pour le doctorat..... Il est désolé de
ce que tu n'as pas concouru pour le prix. Tu étais sûr de
l'avoir (11 novembre 1859)..... »

Tout en poursuivant l'étude du droit avec d'aussi beaux
résultats, Maurice ne sacrifiait pas son attrait pour les
sciences naturelles. Principalement pendant les vacances à la
campagne, il se livrait à d'intéressantes recherches et à de
curieuses expériences. La médecine le sollicita même au
point de le faire hésiter un instant sur sa vocation, et il
joignit à la fréquentation des cours de droit celle de quelques
cours de l'école de médecine, spécialement du cours d'anatomie. Dans une circonstance grave il rappellera plus tard
qu'il y était assidu. Voici un trait qui permet de juger comment il s'y appliquait.

«Mes connaissances en anatomie, qui sont pourtant des plus
élémentaires, disait-il un jour, en riant, à un de ses amis,
m'ont valu mon premier miracle ; écoutez, je vais vous raconter ma petite aventure. C'était pendant mes premières
vacances de séminariste. J'étais à Caen et passais sur le
quai Vendeuvre, quand je vis un des quatre hommes qui
traînaient un camion lourdement chargé de fer tomber et
faire de vains efforts pour se relever. J'accours, je fends la
foule qui s'est déjà formée, je m'approche, je palpe la jambe
et je constate avec bonheur que rien n'est cassé, qu'il n'y a
qu'un simple déboîtement ; je saisis alors fortement la jambe
malade, je la tire vivement à moi, j'entends un petit bruit :
l'os déboîté a repris sa place ; le pauvre ouvrier se relève,
reprend lui aussi la sienne au camion et continue sa route,
non pas sans que ce bon ouvrier et ses camarades ne
m'eussent beaucoup remercié : ils sont si bons, ces braves

ouvriers, et il est si facile de leur faire du bien, il suffit de les aimer. »

Cependant si Maurice savait donner une large part au travail, il ne se dérobait pas absolument à la vie du monde. Il s'y livrait au contraire avec entrain, et il n'est pas téméraire de dire que, malgré la direction de ses désirs attachés fidèlement ailleurs, il ne subissait point cette vie, il l'aimait. Elle lui offrait à la vérité bien des charmes. Il devint rapidement le favori de la société choisie au milieu de laquelle le plaçait la situation de ses parents. Ses manières distinguées, son extérieur agréable et toujours correct, sa conversation aimable qu'assaisonnait souvent une fine pointe d'esprit, sa franchise pleine d'enjouement lui gagnaient toutes les sympathies. Doué d'une imagination fertile en ressources, il était un merveilleux organisateur, disposant rapidement le plan d'une partie de plaisir et mettant à en procurer l'exécution le savoir-faire le plus gracieux et la gaieté la plus communicative.

Il unissait au sérieux de l'âme, mûrie déjà par l'effort, une verve pleine d'entrain. Voici un petit trait qui montre combien il savait en tirer parti. À l'occasion de l'inauguration de la statue de Napoléon Ier à Cherbourg, il y eut de grandes fêtes; son père l'y envoya, pour le reposer de ses études de droit. Il n'y connaissait personne ; comment trouver une place dans les tribunes dont les abords sont déjà envahis! Il se faufile pourtant, se fait passer pour un commissaire de la fête en offrant son bras, le plus gracieusement du monde, aux élégantes qui se présentent et peut ainsi jouir du spectacle au premier rang.

Chanteur passionné, possédant une voix mâle et harmonieuse exercée à traduire avec une réelle perfection les beautés des plus célèbres mélodies, il pouvait payer de sa personne dans les réunions les plus distinguées et il ne s'y refusait pas. Aussi était-il de toutes les fêtes : dîners, soirées, concerts, invitations à la campagne, sa place était marquée partout. Et en dehors même des circonstances extraordinaires, il voyait quotidiennement s'offrir à lui le commerce d'une société d'élite dont les salons de ses tantes et des alliés de sa famille étaient alors le rendez-vous.

Ce jeune homme, si recherché par un monde qu'il était loin de fuir, avait cependant au plus intime de son âme un esprit tout opposé à celui du monde.

C'était pour lui une joie d'employer à la gloire de Dieu son talent musical. « J'ai reçu hier un mot de M. le Curé de Notre-Dame, pour me prier de prêter mon concours à l'exécution du chant du salut de jeudi; je lui ai aussitôt répondu que j'irais. Ce soir et demain nous aurons une répétition à six heures et demie (avril 1857). » Là ne se bornait pas sa religion. D'une piété aussi simple que profonde, il approchait fréquemment des sacrements. Il avait un goût marqué pour les moindres cérémonies religieuses. On le voyait souvent se rendre avec sa bonne tante Amélie au salut du Saint-Sacrement qui se donnait dans la chapelle du couvent de Notre-Dame de Charité. Son âme affectionnait surtout le recueillement de ce petit sanctuaire : elle s'y ressaisissait elle-même, s'y fortifiait dans l'amour de Jésus, s'y renouvelait dans sa dévotion envers Marie, et ainsi affermie, elle pouvait résister victorieusement aux tentations les plus violentes.

Aussi ne fut-elle pas effleurée par les souffles empestés qui portent la mort dans l'âme de tant de jeunes gens. La piété fut en Maurice Reverony le garant de la chasteté, et son cœur dilaté par l'amour de Dieu, rempli de toutes les tendresses que donne la pureté, sut, dès ce temps, montrer aux pauvres un dévouement exemplaire.

Caen avait déjà des conférences de Saint-Vincent de Paul : ceux qui sont au courant de l'histoire des œuvres chrétiennes dans cette ville savent quel concours M. Bazin avait prêté à l'établissement de ces conférences et à leur développement et quelle part lui revient dans le si heureux essor qu'elles prirent dès le début. Ce fut par lui que Maurice fut initié aux charitables pratiques des confrères : il eut bientôt pris rang parmi les plus actifs et les plus appréciés.

L'aumône corporelle était sans doute importante à ses yeux. Mais il appréciait davantage le bien spirituel qu'il pouvait procurer à ses visités. Lorsqu'il était déjà au séminaire, sa mère retrouva sur son bureau « une quantité de petits livres à la portée des ouvriers et des enfants pauvres », qui témoignaient du zèle avec lequel il cherchait à faire pénétrer la vérité dans les âmes de ses chers pauvres. Il tâchait surtout de gagner leurs cœurs.

Prêchant une retraite aux membres des conférences, il se plaisait à rapporter quelques traits de cet apostolat qu'il avait exercé ; on peut tous les résumer d'un mot : il était de la famille qui lui était confiée. Assis dans la pauvre échoppe de l'ouvrier pour mieux s'entretenir avec lui, il étudiait adroitement le fort et le faible de chacun, distribuait affectueusement les conseils bienfaisants et les paroles de consolation, de sorte qu'après le départ de l'aimable visiteur, l'ouvrier, mal disposé auparavant, disait à sa compagne : « Il s'est assis là, il faut pour la prochaine visite lui préparer un siège plus convenable. »

Il eut, un jour, l'occasion à la cathédrale de Bayeux de dépeindre cet aspect si chrétien de l'œuvre des Conférences. Ses accents furent pénétrants : ils n'étaient que la traduction de ses sentiments et de sa conduite d'autrefois. « Le pauvre souffre et il désespère, s'écriait-il. On frappe... Entrez !... Entrez, homme qui portez le reflet de la compassion et comme un rayonnement du Seigneur Jésus. Vous vous approchez, vous souriez au malade, et déjà votre abord a calmé l'irritation avec laquelle il était tenté peut-être d'accueillir votre arrivée. Mais vous avez aperçu un petit enfant... vous l'attirez, vous déposez un baiser sur son front, et aussitôt vous voyez dans les yeux du père une larme d'attendrissement et de reconnaissance. En quittant la demeure vous dites « au revoir » et cet « au revoir » est l'espérance qui demeure après vous. Le cœur attendra sans amertume la visite promise et vous déverserez dans cette âme, irritée tout à l'heure, un baume qui la rendra meilleure. »

La charité qu'il témoignait aux pauvres de Caen s'étendait également aux pauvres de Fourneaux. Les plus malheureux étaient les plus visités, mais les malades avaient dans ses sollicitudes une place toute particulière. Il recueillait et faisait sécher les plantes qui devaient leur fournir les éléments de bonnes tisanes. Il leur préparait aussi de ses propres mains une toile médicinale dont il avait étudié et peut-être trouvé lui-même, grâce à ses connaissances scientifiques, la composition.

Toutefois sa prédilection marquée était pour les vieillards des Petites Sœurs des Pauvres. Attentif à leurs besoins, il savait prévenir les demandes et obtenir de ses parents qu'ils se prêtassent à ses désirs. « Rose (c'était le nom de la cuisinière) a dit aux Petites Sœurs qu'il y avait des légumes pour elles à la maison, elles ont été très contentes et m'ont bien chargé de te remercier ainsi que papa (avril 1857 : lettre à sa mère). » Une autre fois, il s'adresse à son père : « Les Petites Sœurs manquent presque totalement de bois pour chauffer leurs vieillards et faire leur cuisine : si tu veux avoir la bonté de me le permettre, je leur donnerai quelques bûches... ce sera peu de chose pour nous et beaucoup pour elles, cela leur permettra de passer un ou deux jours et d'en attendre d'autres. » La délicate bonté du cœur de Maurice ne se contentait point de contribuer à fournir des choses nécessaires à l'asile des vieillards ; il tenait à y joindre de temps en temps quelques petites douceurs. Chaque année, il offrait à ses bons vieux amis le gâteau des Rois. Après son entrée au séminaire, il répondait en ces termes à une proposition de ses pieux parents : « Je suis bien sensible à l'offre que vous me faites de continuer à envoyer le gâteau des Rois chez les Petites Sœurs. Cela me fera grand plaisir. Et vous serez certainement aussi heureux que moi en songeant que cela pourra procurer quelque jouissance à ces pauvres vieillards qui doivent en avoir si peu. »

Maurice voulut porter plus loin l'énergie de sa charité. « Ma sœur, dit-il un jour à la sœur Sidonie, dont le zèle et le dévouement avaient gagné ses préférences, je vais vous confier une de mes lâchetés. Je n'ai pas peur de la mort, mais j'éprouve une extrême répugnance à regarder un mort et je n'ai pu me résoudre encore à toucher une personne morte. Comme je veux être prêtre, il ne s'agit pas de garder cette impression de ridicule : quand vous aurez un pauvre bonhomme mort, faites-le-moi dire et attendez-moi pour que je vous aide à la dernière toilette. » Sœur Sidonie se rendit à ce désir et à partir de ce moment, quand Dieu rappelait à Lui l'âme de quelque vieillard des Petites Sœurs, Maurice était là pour ensevelir et veiller la dépouille mortelle du défunt. La charité avait surmonté les répugnances de la nature, et elle les avait surmontées parce que Maurice voulait être prêtre.

Cette intention n'était pas nouvelle dans sa vie. L'origine en est antérieure à sa première communion. Elle apparaît dans des confidences intimes qu'il fit dès sa troisième à l'un de ses amis.

En 1856, au moment d'entrer à l'école de Droit, il écrit dans ses notes de retraite : « C'est dans la recherche de sa vocation que le jeune homme doit avoir présente à la pensée

cette maxime divine : « Que sert à l'homme de gagner l'uni-
« vers, s'il vient à perdre son âme ? » Il y a dans le monde,
peut-il se dire, bien des états, des positions où l'on peut se
sauver. La recherche de ma vocation doit être spécialement
celle de la vie qui me conduira avec plus de facilité et de
sécurité au ciel. La carrière que je veux embrasser, c'est
celle que Dieu me destine, et dans laquelle par conséquent
je pourrai faire mon salut. » Il ne conclut pour aucune carrière en particulier. L'incertitude apparente et le besoin
d'une recherche plus prolongée de sa vocation ne doivent
pas cependant faire penser qu'à ce moment son désir d'être
prêtre avait cessé d'exister.

Il faut en chercher ailleurs l'explication. Peut-être le jeune
étudiant hésitait-il à regarder comme sage un projet qui
n'était pas conforme aux intentions de ses parents. Peut-être
encore Maurice demandait-il à Dieu plus de lumières sur
les conditions dans lesquelles il devait se croire appelé à
exercer le ministère sacerdotal.

Quand on lit la vie d'un de nos saints missionnaires et
martyrs, de ceux de notre temps en particulier dont les dispositions intérieures nous sont mieux connues, il n'est pas
possible de n'être pas frappé et ému en voyant le cœur de
ces jeunes gens, à peine sortis de l'enfance, tressaillir de
bonheur à la seule pensée de glorifier Dieu par une vie de
souffrances et de rendre témoignage de leur foi par l'effusion
de leur sang. Le grand cœur de Maurice a-t-il échappé à ce
noble enthousiasme ? Il sera prêtre, c'est un point presque
définitivement arrêté. Mais sera-t-il religieux ? sera-t-il missionnaire ou simple prêtre séculier ? la réponse à ces questions fait l'objet des préoccupations de son âme à cette
époque de sa vie (1858). L'attrait du martyre, le besoin de
se donner à Dieu, tout entier, sans réserves, l'inclinent vers
les vocations qui semblent lui offrir les moyens les plus sûrs

de satisfaire ce besoin. Mais comment faire l'aveu de ses projets à sa famille? Lui si confiant envers ses chers parents, si ouvert avec son excellente mère, va-t-il garder son secret dans son cœur sans le confier à personne? Ce fut ce dernier parti que prit Maurice, et nous n'en connaissons pas la raison. Avait-il lu quelque part cette parole de sainte Thérèse « qu'une vocation ébruitée était une vocation sans effet, comme une poudre éventée » et l'avait-il mal interprétée? C'est possible. Mais toujours est-il qu'il se tint vis-à-vis de ses parents, pendant l'année 1858, dans une réserve qui fut pour eux la cause d'une grande souffrance et pour lui le principe d'une gêne qui le rendait malheureux. Le cœur clairvoyant de Mme Reverony ne s'y trompa point; elle devina bien vite qu'il se passait dans l'âme de son fils quelque chose d'extraordinaire et de grave : le cœur des mères a de si admirables intuitions! Les parents de Maurice étaient trop chrétiens pour ne pas respecter la réserve de leur fils ; ils gardèrent le silence, mais au prix de quelles souffrances ! « Tu ne sauras jamais, écrivait plus tard Mme Reverony à son fils, ce que nous avons souffert pendant plus d'un an, ton père et moi, particulièrement pendant les vacances de 1858. » Quand cette réserve, si pénible pour le cœur de Maurice et celui de ses parents, eut, par suite de circonstances que nous ignorons, fait place à l'abandon filial des années précédentes, l'on comprit de part et d'autre que cette question de la vocation, quelle qu'en dût être la solution, était trop grave pour ne point chercher à la résoudre. Mais afin de ne pas se tromper dans cette étude et bien connaître les desseins de Dieu, les parents de Maurice crurent avec raison qu'il fallait faire appel aux lumières d'hommes sages, vertueux, instruits, expérimentés et indépendants. Il fut donc décidé que le jeune étudiant irait consulter Dieu, dans une retraite sérieuse faite chez les Pères Jésuites de la rue de

Sèvres. C'est dans ce but que Maurice se rendit à Paris au commencement d'octobre de cette même année 1858.

La divine Providence lui ménageait pour cette retraite la direction du P. de Pontlevoy.

On sait quelle était la haute vertu de cet éminent religieux et sa compétence dans la direction des âmes, particulièrement de celle des jeunes gens. Il comprit de suite la situation de Maurice et lui témoigna une bienveillante sympathie. Mais surtout il lui traça la voie qu'il devait suivre avec une sûreté de coup d'œil et une fermeté qui mirent fin aux perplexités du jeune homme.

Celui-ci, du reste, ne demandait qu'à connaître la volonté de Dieu : « Je dois faire cette retraite avec une grande simplicité et une grande ouverture de cœur, sans trouble, avec le désir sincère de connaître la volonté du bon Dieu, telle qu'elle est, sans la désirer plutôt telle que telle, et avec la ferme détermination d'obéir en tout, partout, toujours à cette volonté adorable, d'après le conseil de sages directeurs régulièrement chargés de ma conduite. »

Il apportait donc dans cette retraite toute la loyauté de sa nature et toute la simplicité de sa piété, conditions d'autant plus excellentes qu'il y joignait un redoublement de tendresse et de dévotion envers la Vierge immaculée. Presque à chaque page de ses notes écrites au cours de cette retraite, on retrouve cette invocation : « Bénie soit la sainte et immaculée Conception de la Bienheureuse Vierge Marie ! » ou bien : « O Marie, conçue sans péché, priez pour nous qui avons recours à vous »; ou bien encore : « Jésus-Christ s'est donné à nous tout entier par Marie, notre tendre Mère..... Mon Dieu, je me donne à Vous pour toujours par les mains de notre bonne Mère immaculée. »

C'est dans ces dispositions qu'il aborde l'élection de sa vocation. « après avoir fait une retraite sérieuse, une neuvaine au divin Cœur de Jésus et au Cœur immaculé de Marie, avoir offert sa communion du jour de la Toussaint dans le but de mériter de connaître sa vocation et d'y être fidèle ».

Rien de mieux pesé, de plus précis, de plus réfléchi que l'écrit de quelques pages où il a consigné les raisons qui pouvaient l'éloigner de l'état ecclésiastique ou l'y attirer : les avantages de sa naissance, de sa famille, de son éducation, les facilités et les agréments d'une carrière dans le monde, tout est soigneusement et justement apprécié. Mais rien n'est comparable en netteté à l'expression des motifs qui lui semblent indiquer sa vocation sacerdotale. Ce n'est qu'un sommaire, mais il est bon de le citer dans sa teneur même :

« 1° Désir d'embrasser cet état depuis longues années, puisque ce désir date d'avant ma première communion.

« 2° Progrès et affermissement réel de ce désir, qui s'est toujours à peu près maintenu. Depuis trois ans, plus d'hésitation sérieuse, excepté une fois pour la médecine.

« 3° Un bonheur, un épanouissement de l'âme et du cœur quand je pense à l'accomplissement de mes désirs.

« 4° Le besoin de voir souffrir pour guérir. Ce besoin est prouvé par l'amour de la médecine.

« 5° Le besoin d'embrasser une carrière de dévouement, la carrière du dévouement le plus complet.

« 6° La persuasion où je me trouve que c'est la plus belle vocation (continuer le ministère du Dieu-Homme).

« 7° L'attention de la Providence de m'avoir mis en rapport avec des prêtres saints et dévoués.

« 8° La douleur de voir les autels desservis le plus souvent par des hommes d'une classe pauvre, et une sorte de jalousie.

« 9° L'attrait presque irrésistible qui m'entraîne là.

« 10° L'ardeur qui me consume quand je vois une belle

cérémonie, ardeur incomparable ! plus forte que quand je vois une revue, par exemple.

« 11° Le bonheur d'avoir compris la nécessité de me donner à Dieu et la voix de Dieu et de ma conscience qui me crient que Dieu m'appelle là.

« 12° Le désir de sauver des âmes et la conviction que tel est le moyen qui me sera le plus facile. »

Il y avait dans ces pensées une élévation de vues qui devait frapper le P. de Pontlevoy. Si l'esprit sacerdotal est avant tout l'esprit de sacrifice, il se trouvait à un haut degré dans les sentiments qui animaient le retraitant. Il ne parut pas au religieux qu'il pût y avoir le moindre doute : Maurice serait prêtre. Toutefois, à raison des jours pénibles qui venaient de se passer, il attendrait pour communiquer cette détermination à ses parents. Il continuerait son droit comme s'il n'eût été question d'autre chose, et à la fin de l'année seulement il exprimerait ses désirs à ses parents. Cette décision pleine de prudence et de réserve ne pouvait qu'adoucir en M. et Mme Reverony les émotions des mois précédents : c'est pourquoi Maurice leur écrivit aussitôt (6 novembre 1858) : « Ma bonne et tendre mère, je sais que cette lettre va te combler de joie... J'ai cherché devant Dieu la vérité avec beaucoup de calme, beaucoup de soin, avec un grand désir de la trouver. Je crois que j'y suis arrivé. J'ai tout examiné, tout pesé, tout discuté, tout exposé à mes directeurs... ils ont tout approuvé...

« Je vais donc retourner avec vous faire une bonne année de droit. Mon père et toi vous trouverez en moi des sentiments qui ne sont jamais sortis de mon cœur; oh ! non, jamais ! mais qui se manifesteront par une conduite tendre et respectueuse, digne de vous et de moi. Je lui ai écrit à ce pauvre père, pour lui faire connaître ma résolution, et lui demander pardon du chagrin et du trouble que j'ai portés dans votre existence. A toi aussi, pauvre mère, je demande bien pardon : je t'ai fait bien de la peine ! Ce n'était pas de l'ingratitude, tu le sais bien ; c'était de l'enthousiasme d'un jeune homme inexpérimenté qui marchait sans guide dans une voie qu'il ne connaissait pas, mais, grâce à Dieu, je suis rentré dans le bon chemin ; je vous le prouverai. »

Cette promesse de Maurice était plus sincère que facile à remplir. Si le défaut d'expansion qui se remarquait en lui était pénible à ses parents, lui-même en souffrait grandement : « Ce défaut d'expansion qui m'étreignait et que je n'avais pas la force de briser n'était ni manque d'affection, ni insensibilité de cœur, ni absence de reconnaissance, mais seulement timidité malheureuse... Et puis, pourquoi ne vous l'avouerai-je pas simplement ? la gêne que j'éprouvais était, pour partie du moins, produite par ce fait que je ne me sentais pas dans une position définitive ; alors, malgré moi, je pensais à l'avenir, à la peine que je vous causerais... » Cette disposition intime domina encore l'âme de Maurice durant la dernière année qu'il dut passer dans le monde : comme la cause d'où elle procédait, elle ne devait s'évanouir qu'au séminaire.

La troisième année de droit se passa sans que Maurice laissât rien échapper qui eût trait à sa vocation. Seules sa piété et sa charité croissantes pouvaient faire soupçonner que ses désirs n'avaient point changé de direction. Ses parents ne s'y méprirent pas, mais s'imposant toujours sur ce point la loi d'une extrême réserve, ils se gardaient bien de provoquer eux-mêmes une explication.

Ce fut à Maurice de tenter une nouvelle démarche et il le fit aussitôt après la soutenance de sa thèse. Sa demande effraya ses parents. Bien qu'animés d'un rare esprit de foi, ils ne virent à ce moment dans la vocation de leur fils autre chose qu'une occasion d'un très grand sacrifice, mais ils étaient trop chrétiens pour le refuser à Dieu. Toutefois, les faits de l'année précédente pouvaient leur faire craindre cette fois encore un entraînement irréfléchi. Leur devoir était donc d'éprouver avec sagesse et fermeté la vocation de leur fils. Dire ce que souffrit le cœur si affectueux de Maurice de cette nouvelle peine qu'il imposait à ses parents n'est guère possible. Néanmoins, fort de l'appel et de la grâce de Dieu, il gardait une fermeté respectueuse. Ses concessions se bornaient à demander la liberté de faire sous l'œil de Dieu un nouvel examen de sa vocation. Ses parents avaient trop de vraie piété pour ne pas lui en donner l'autorisation, et le 5 septembre il retournait à Paris chercher dans une seconde retraite chez les Pères Jésuites une solution définitive.

« Ayez confiance en moi, écrivait-il à son père et à sa mère dès son arrivée à Paris, je vais examiner et me remettre souvent devant les yeux tout ce que vous m'avez dit. J'espère que le bon Dieu nous éclairera. Je le lui demande de tout mon cœur. Soyez sûrs que si je sens en moi le moindre doute, la plus faible hésitation, je serai le premier à vous demander de différer et de remettre à plus tard la décision dont il s'agit. »

Que lui avaient dit ses parents ? C'est ce que lui rappelait au deuxième jour de sa retraite une admirable lettre de sa mère qu'il faut citer tout entière. Elle présente dans son vrai jour l'attitude de ces parents qu'une opposition, qui leur causait à eux-mêmes tant d'angoisses, n'empêchait pas d'être vraiment chrétiens...

« ...Que tu te fasses bien connaître à celui que tu as choisi pour te diriger. Qu'il sache non seulement ce qui s'est passé l'année dernière, mais qu'il connaisse ta position dans le monde, ta place dans ta famille : l'aîné de trois garçons auxquels tu dois l'exemple, le fils d'un père âgé et menacé de perdre la vue. Si Dieu me laisse près de lui, mon pauvre enfant, je ne demande personne pour m'aider à rendre à ton père, par mes soins de tous les instants, tout ce que je pourrai imaginer pour l'aider à supporter la privation d'un organe aussi nécessaire et qui lui est déjà enlevé en partie!... Mais je t'avoue que si Dieu m'appelait à Lui, ce serait avec un profond chagrin que je te verrais éloigné de ton père. Ce n'est pas du sentiment que je veux te faire, mon bon enfant, c'est mon cœur seul qui parle. Tu peux te rappeler comme je me suis sauvée à Vendeuvre quand ton père te parla de ce que tu pourrais être près de moi, s'il mourait. Cette pensée me brise le cœur! mais ce qui me fait bien plus mal encore, c'est la pensée de mourir avant lui... Expose encore à celui qui te dirige ta position dans le monde. Dislui bien quelle liberté tu as pour faire le bien, pour te livrer à toutes les bonnes œuvres. Combien ton exemple pourrait faire de bien et entraîner ceux qui t'entoureraient!... Si tu remettais d'un an ou deux pour te livrer aux plaisirs du monde, tu serais coupable certainement, mais, au contraire, ce serait pour faire le bien comme tu le fais déjà, comme tu le fais tous les jours... Nous sommes allés à la messe ce matin pour toi, mon bon enfant. Je ne puis te dire avec quel serrement de cœur j'ai pu dominer mes larmes devant tes frères. »

Cette excellente mère ajoutait ces lignes qui rappellent les supplications que la mère de saint Jean Chrysostome adressait elle-même à son fils : « Adieu, mon bon Maurice, mon bien cher enfant, dans trois jours il y aura vingt-trois ans que je souffrais bien pour toi. Mais les douleurs que j'éprouvais ne ressemblaient pas à celles que je souffre aujourd'hui. » Et elle terminait sa lettre par des accents d'une foi émue : « Je suis cependant bien loin de me plaindre, je ne puis que remercier Dieu de m'avoir donné un fils tel que toi.

Si j'étais seule, je me résignerais plus facilement. Mais mon cœur se brise en voyant le chagrin de ton père. Aussi ma prière de tous les jours est-elle de Lui demander de nous éclairer tous et de donner à ton père le courage de supporter ce sacrifice, s'il le lui impose... Je prie Dieu de tout mon cœur qu'il t'éclaire et te bénisse. »

De telles paroles eussent été capables d'inquiéter le jeune solitaire et de lui inspirer quelque trouble et quelques appréhensions. Cependant, il écrivait le 9 septembre : « Ma retraite approche de son terme : je suis dans le plus grand calme ; je ne sens ni trouble, ni inquiétude. J'examine consciencieusement devant Dieu le pour et le contre, et je le prie de tout mon cœur de nous éclairer. »

Et, le 12 septembre, il transmettait à ses parents sa décision en des termes où respire une absolue tranquillité de l'âme unie à l'affection la plus tendre : « Mes bons parents, quand je vous quittai, je vous assurai que je partais sans parti pris ; je vous fis seulement connaître les puissants attraits qu'avait pour moi l'état ecclésiastique..... je vous promis de peser avec soin, sans préjugé, les observations que vous me mîtes sous les yeux. J'ai fait tout cela..... et après ces jours de retraite et d'examen, sans trouble, avec calme, sans précipitation, j'en suis arrivé à cette conclusion que Dieu m'appelle réellement à l'état ecclésiastique. Hélas ! mes bons parents, je sais bien que cette décision va vous causer un grand chagrin... C'est un grand sacrifice que Dieu nous impose de part et d'autre ; et ce chagrin lui-même que j'ai devant les yeux doit être pour vous une garantie que j'ai tout examiné avec soin. » Et dans un sentiment d'affection très élevé : « Voilà donc, continuait-il, la décision que je vous expose aujourd'hui, que je vous demande de ratifier et de bénir, car un consentement ne serait pas assez pour mon cœur ni pour le vôtre. Nos cœurs seraient trop cruellement déchirés si ce n'était pas sous vos auspices et avec votre bénédiction que j'entrasse dans cette nouvelle vie où je ne serais pas heureux sans cela... Croyez, mes bons parents, disait-il encore, que quand vous me presserez dans vos bras, vous y presserez un enfant toujours respectueux, soumis et tendrement affectueux. Je vous promets de m'appliquer de toutes mes forces à changer en joie et en consolations le chagrin qui résulte pour vous de la décision que je remets entre vos mains. »

Cette fois, les parents de Maurice le comprirent : ils ne pouvaient plus le disputer à Dieu. Ils acceptèrent le sacrifice et se rendirent aux vœux de leur fils. Leur cœur devait souffrir longtemps encore de la blessure qui lui était faite. Même après l'entrée de Maurice au séminaire, Mme Reverony lui écrira : « J'espère que tu n'oublies pas tes promesses et que plus tard, si tu éprouvais quelque dégoût, quelque incertitude, tu n'hésiterais pas à nous revenir. Tu le sais, on peut se sauver partout où on fait du bien. Ce n'est point une tentation que je t'envoie..... Bien loin de moi cette pensée ! Mais je veux seulement te répéter que quelque heureux que tu aies été pendant plus ou moins longtemps, si tu changeais de détermination, tu nous trouverais toujours les bras ouverts pour te recevoir. »

Cependant, malgré leur chagrin, leur foi avait commandé à la nature, et il était résolu que Maurice quitterait l'école de droit pour le séminaire de Saint-Sulpice.

Peu de jours séparaient la fin de la retraite de la rentrée du séminaire : il les passa avec les siens dans un calme doux et triste et le 3 octobre amena la séparation. Elle fut douloureuse, mais la grâce soutenant la nature, le jeune homme et ses parents se montrèrent grandement chrétiens.

Maurice partit seul pour Caen : il y devait passer la nuit avant de se mettre en route pour Paris. Ce trajet laissa dans son âme une impression qui ne s'effaça jamais. « Oui, répétait-il encore vers la fin de sa vie, je suis parti seul, tout seul ! Oh ! quel voyage ! » Et il prononçait ces mots avec l'accent d'une émotion indéfinissable.

Arrivé à Caen, Maurice dit « adieu, le cœur bien gros » à sa bonne tante Amélie, et aux premières heures du jour suivant il était en chemin de fer. Dès le soir du 4 octobre, il annonçait à ses parents que son voyage s'était passé « aussi heureusement que pouvait le permettre la douleur de cette séparation pénible », les assurant que « leur pensée ne sortait pas de son esprit et de son cœur ».

Le lendemain, il leur écrivait de nouveau pour leur dire que M. Carrière, le Supérieur de Saint-Sulpice, « vieillard très bienveillant, très prudent, très respectable », avait décidé sans hésitation qu'il était bon de faire à Issy « une année de philosophie ». Le P. de Pontlevoy que Maurice s'empressa de revoir pensa aussi qu'il était bien préférable de passer un an à Issy avant d'entrer au Grand Séminaire de Paris.

Le pieux jeune homme accepta sans difficulté la décision et le soir même il était séminariste à Issy.

CHAPITRE III

Le Séminaire.

Tout le monde sait avec quel dévouement, quelle compétence, quelle sûreté et quelle fixité de méthode la Compagnie des prêtres de Saint-Sulpice s'occupe de former à la science et surtout à la piété les aspirants au sacerdoce. Chargée de la direction d'un grand nombre de séminaires français, elle garde toujours comme centre et comme foyer le diocèse de Paris où elle est née. Le séminaire d'Issy, pour le temps de la philosophie, le séminaire de Saint-Sulpice, pour celui de la théologie, sont les asiles où elle prépare au ministère sacerdotal ceux qui doivent l'exercer dans ce diocèse.

Ces deux maisons, toutefois, n'ont pas un caractère exclusivement diocésain : leurs portes s'ouvrent toujours très grandes aux jeunes gens de tous les pays du monde dont les diocèses n'ont point de séminaires, ou que des raisons spéciales déterminent à ne point demander aux séminaires de leurs diocèses les éléments de leur formation cléricale. Ces jeunes gens ne deviennent pas pour cela séminaristes de Paris ; ils restent sous la juridiction de leurs évêques sans l'autorisation desquels ils ne peuvent être agrégés ni au clergé de Paris, ni à celui d'un autre diocèse. Telle était la situation de Maurice Reverony entrant au séminaire d'Issy.

Il y trouva pour supérieur M. Maréchal, grand ami de M. Mabire, ce qui pour l'ancien élève de Sainte-Marie avait beaucoup de prix. D'ailleurs, écrivait-il au bout de peu de semaines, « plus j'apprends à connaître M. le Supérieur, plus je l'apprécie : c'est un homme fort distingué en science et en piété ; mais très simple, nullement exagéré, entièrement à son affaire, très doux, très calme, très prudent;... il est universellement très aimé dans la maison, ce qui prouve toujours en faveur d'un supérieur. »

L'accueil sympathique de ceux dont il devenait le confrère le charma : « Il est touchant, disait-il, de voir avec quel entrain et quelle sollicitude on est reçu par les anciens. »

Dès le lendemain de son arrivée, s'ouvrait la retraite. Elle ne le transportait point en pays inconnu. Il la trouva « fort bien prêchée par Messieurs de Saint-Sulpice », la suivit avec fruit, et, à la clôture, le 13 octobre, il revêtit l'habit ecclésiastique. Aussitôt il se mit avec ardeur et bonheur aux différents exercices de sa nouvelle vie.

Je vais essayer de montrer ce que fut ce séminariste modèle. Je ne séparerai pas les années de Saint-Sulpice de l'année qu'il vécut à Issy : ces quatre années constituent son séminaire d'une manière en quelque sorte indivisible. Cela est vrai, non seulement au point de vue matériel et extérieur, mais encore et surtout au point de vue de ses sentiments et de ses vertus.

D'abord, il est l'homme de la règle et de l'obéissance. Dans toutes ses notes on retrouve la volonté constante d'observer soit le règlement général, soit son règlement particulier. Ses habitudes antérieures de l'école de droit l'exposent à prendre en classe « une certaine facilité de parler » : il se la reproche maintes fois, prend les résolutions les plus répétées et les plus fermes pour la combattre et finit par en triompher. C'est « en esprit de pénitence » qu'il « prend la résolution d'observer ainsi fidèlement les moindres détails » de ce double règlement.

Il faut pénétrer dans l'âme du séminariste et le voir

« accomplir sa règle en union avec Notre-Seigneur, et, pour cela, se rappeler souvent que ce divin Maître est vraiment présent en lui ». — « J'agirai, dit-il, *per Christum, cum Christo, in Christo* (1), et, comme Marie est inséparable de Jésus, *cum Maria et per Mariam* (2). »

Ces mots sont l'indice d'une âme vraiment intérieure. En fait, ce séminariste est déjà homme d'oraison, et il s'efforce de réaliser sous ce rapport de nouveaux progrès. Soit dans ses retraites du commencement de chaque année, soit dans ses retraites du mois ou dans ses retraites d'ordination, sa vigilance à cet égard est manifeste. « Mon doux Jésus, je vous demande par l'intercession de votre sainte Mère immaculée de ne jamais mettre obstacle à l'accomplissement de votre sainte volonté en moi relativement à la sainte oraison... O Jésus,... faites de moi un homme d'oraison. Je ne vous le demande pas pour moi, qui n'en suis pas digne, mais pour les âmes que vous me confierez plus tard. » Et il prévoit avec un soin minutieux tout ce qui lui assurera le succès, en ce qui est de la préparation à laquelle il apporte une précision pleine de zèle, en ce qui est de l'oraison elle-même, pendant laquelle « il s'unit à Marie et à saint Joseph, faisant oraison près de la crèche ou dans la sainte maison de Nazareth ; en ce qui concerne les résolutions qu'il prend « peu nombreuses et prochainement applicables » et qu'il se rappelle à des intervalles bien déterminés.

On ne comprendrait pas que ce zèle pour l'oraison ne fût pas accompagné d'une piété vraiment tendre et forte.

La sainte Eucharistie attire ce séminariste. Au commencement de chaque étude, il lit fidèlement un verset de l'*Imitation* de Notre-Seigneur ayant trait à la sainte communion.

(1) Par le Christ, avec le Christ, dans le Christ.
(2) Avec Marie et par Marie.

A chaque visite au Saint-Sacrement, il fait la communion spirituelle, « désirant vivement recevoir et posséder le corps de Notre-Seigneur qui a tant souffert pour l'expiation de nos péchés. » Quand approche la communion sacramentelle, il « soupire après Jésus. » Puis, « il se tient dans un grand silence, un grand calme intérieur pour entendre la voix de ce divin Sauveur et obéir à ses inspirations ».

Après l'amour de la sainte Eucharistie, sa grande dévotion est pour la Très Sainte Vierge. « Je veillerai avec un soin particulier, dit-il dès Issy, à rendre pratique et familière la dévotion que je sens dans mon cœur pour ma bonne Mère la Vierge immaculée. » En fait, il n'écrit guère de pages sans y tracer le nom de Marie avec les appellations les plus touchantes : c'est « sa tendre Mère », à laquelle il recommande son « pauvre enfant pécheur ». Chaque matin, il l'invoque à son réveil, elle est mêlée à toutes les actions de sa journée ; chaque soir, il récite trois *Ave Maria* pour obtenir la grâce de conserver dans toute sa beauté la sainte vertu de chasteté. Aussitôt habillé, comme avant de prendre son repos, il se met à genoux, baise humblement la terre et demande la bénédiction de Jésus, de Marie et de Joseph. Il s'aperçoit qu'il a commis quelque négligence dans la récitation du chapelet : il se la reproche comme une « faute misérable chez un séminariste ». Souvent il s'écrie : « Tout à Jésus par Marie, tout à Marie par Jésus. » S'il prend, en approchant du sacerdoce, des résolutions plus généreuses, il écrit en bas : « Comme dans l'ordre de votre divine Providence tout nous vient par Marie, c'est par son intercession toute puissante que je vous demande la grâce de persévérer dans ces résolutions. Je me remets et m'abandonne entièrement, avec tout ce qui m'est cher, entre les mains de cette bonne et tendre Mère. Je vous confie entièrement, ô Marie, ma préparation au sacerdoce. Je vous prends aujourd'hui et pour toute ma vie pour ma Maîtresse et pour ma Mère... »

Souvent aussi, le pieux séminariste invoque saint Joseph et saint Maurice dont il porte les noms, son ange gardien, les saints spécialement honorés dans le séminaire, et quand il sera agrégé au Tiers-Ordre de Saint-François d'Assise, il joindra à ces invocations celles de « son bon Père saint François », et de saint Pie et saint Bonaventure, ses patrons de profession.

Il y avait, on le voit, dans la piété de l'étudiant en droit devenu lévite un caractère de simplicité expansive qui est souvent la marque de belles âmes surtout quand il est associé, comme il l'était chez Maurice Reverony, à une générosité constante dans le combat spirituel.

Car il luttait et il luttait sans cesse. Heureusement doué à beaucoup d'égards, il avait à réagir contre les tendances d'un tempérament lymphatique dont une énergique volonté et une vigilance de tous les instants pouvaient seules triompher. L'examen de conscience et surtout l'examen particulier, tel que le lui avaient enseigné ses retraites chez les Pères Jésuites, étaient sa grande ressource dans cette lutte. Avec quel soin il le préparait « portant toujours sur lui un chapelet à grains mobiles, à l'aide duquel il marquait les fautes à mesure qu'il s'en apercevait, écrivant les résultats à deux heures et le soir, et comparant les journées et les semaines entre elles ». Cette application produisit des fruits considérables pour la réformation de son âme : dans un passage de ses notes (novembre 1861) il indique « le recueillement » comme sujet de son examen particulier, déterminé de concert avec son directeur; n'est-on pas en droit de supposer que dès lors toutes les inclinations inférieures de sa nature étaient maîtrisées, et que tout son travail était désormais un travail de progrès positifs dans la perfection.

C'est bien ainsi qu'il nous apparaît à travers ses écrits

intimes du séminaire et dans le souvenir de ceux qui l'ont alors connu.

« Chez lui l'humilité était grande », dit un de ceux qui ont vécu avec lui de plus près. Son ton de sincérité convaincue est tel dans sa persistance à s'accuser devant Dieu, qu'à lire ses notes on le prendrait pour un grand pécheur revenu de prodigieux égarements. Cette humilité ira toujours grandissant, elle lui fera dire plus tard, confiant la douloureuse impression qu'il avait ressentie en assistant à une condamnation en cour d'assises : « Ce n'est pas l'accusé qu'on aurait dû condamner... c'est moi !... » — « Au dehors, continue ce même ami, cette humilité se manifestait surtout par une simplicité qui semblait se méconnaître, qui fuyait et écartait adroitement les éloges ; il avait de la bonhomie, de l'abandon dans les allures comme dans la conversation ; il était sympathique aux petits, aux pauvres, avait une grande égalité d'humeur, ne rebutait jamais personne. » — « Si supérieur qu'il ait été par l'esprit et par le cœur, écrit un autre ami, placé lui aussi dans un poste éminent, il l'a été avec si peu d'apprêt que chez lui cela paraissait tout naturel. » Et le vénérable prêtre ajoute : « Je ne sais s'il y a eu dans sa vie des actes héroïques, mais je suis bien convaincu que s'il y en a eu, il les a accomplis comme tous les autres avec la plus grande simplicité et sans efforts apparents. » C'était la vraie humilité des saints.

Elle ne pouvait aller sans une grande obéissance. Aussi Maurice Reverony était-il complètement entre les mains de son directeur. Ce ne fut pas toutefois sans combat ; car si, au début, la soumission était complète, « une certaine timidité le rendait muet devant lui. Avec son sens éminemment pratique il prend la ferme résolution de combattre cette timidité et d'en faire part à son directeur. » C'est ainsi qu'il put arriver à « parler à son directeur avec la plus grande franchise, simplicité et ouverture de cœur », disposition qu'il complétait de la manière suivante : « J'aurai encore pour ses ordres, conseils et avis une obéissance absolue et ne lui ferai jamais d'observation sur ce qu'il me dira sans en avoir obtenu la permission. » Ailleurs il caractérise sa disposition par ces mots : « une docilité d'enfant pour mon directeur ».

Obéir, c'est déjà se mortifier. Mais il est à la mortification des formes plus spéciales. Le travail en est une par lui-même. Des esprits d'élite comme était Maurice Reverony peuvent dans le travail se soustraire à la mortification par différentes causes. Il s'en rend compte avec sa perspicacité ordinaire : il prend la résolution « de réformer promptement et foncièrement le désir d'apprendre pour apprendre qui l'a si longtemps subjugué ». Il ne se contente pas des notes relativement élevées qu'il obtient dans les examens, et il se reproche « d'avoir jusqu'à présent apporté aussi peu de soin et tant de mollesse dans les études qui lui sont imposées ». Reproche peu fondé, à en juger par le nombre considérable des cahiers écrits par l'abbé Reverony depuis le commencement jusqu'à la fin de son séminaire. On est frappé, en les parcourant, de la netteté des idées, du bonheur et de l'exactitude des expressions, de l'égalité soutenue qui règne dans la rédaction. Il y a là une preuve évidente d'une application et d'un labeur continu. Je voudrais pouvoir faire passer ces cahiers sous les yeux de beaucoup de gens du monde qui se figurent volontiers les séminaires comme des asiles de piété sans doute, mais aussi comme des abris pour l'inaction intellectuelle. Car c'est là un préjugé si répandu qu'on le trouve même dans les lettres de Mme Reverony à son fils : « On me disait, il y a quelques jours, qu'à Issy, Saint-Sulpice pas plus qu'à Bayeux on ne travaillait presque pas. » On ignore en effet quelle multiplicité de notions doivent acquérir les jeunes clercs dans un nombre d'années très et trop restreintes ; on ignore aussi avec quel soin ils accumulent pour l'avenir de leur vie sacerdotale les notes écrites destinées à perpétuer en quelque sorte près d'eux les enseignements de leurs maîtres. Les cahiers de l'abbé Reverony, qui ne constituent pas d'ailleurs une exception, mériteraient d'être comparés avec n'importe quelles rédactions des élèves en droit ou en médecine et l'on verrait de quel côté se trouve la plus grande somme de travail. Et si l'on veut se faire une idée de l'activité intellectuelle dépensée dans les séminaires, qu'on lise ce passage d'une lettre dans laquelle l'ancien étudiant en droit traduit l'impression qu'il ressentit à ce sujet en arrivant à Issy. « C'est avec impatience que j'attends le dimanche pour passer avec vous et vous consacrer le peu de temps libre que nous laissent nos études. Elles sont fort intéressantes... et elles produisent un entrain qui fait plaisir à voir ; on s'en entretient en récréation ; chacun a son opinion, la discute, tâche d'y amener ses adversaires. Ces luttes pacifiques sont, je crois, fort avantageuses en tant qu'elles sont comme une continuation de la classe ; qu'elles ne permettent pas aux récréations de distraire l'esprit des questions que l'on étudie, et qu'elles le conservent toujours dans le même milieu. » Toutefois il formule une plainte, la plainte que répètent dans tous les séminaires tous les élèves à qui Dieu a départi une certaine mesure d'intelligence : c'est que le nombre des cours empêche « de travailler d'une manière approfondie, de faire quelques recherches, de consulter quelques auteurs », car « le temps est coupé, les études ne sont pas longues ». Et cela lui devient une occasion de privation, de mortification. Il lui est impossible de s'occuper des sciences naturelles qu'il aime tant : surnaturellement il s'y résigne : « Je vous fais, ô mon Dieu, le sacrifice des études que j'aimais, et qui ne me serviraient pas pour ma vocation d'une manière directe ou indirecte. Je ne veux plus m'y livrer, même par délassement, qu'avec la permission et le conseil de mon directeur, ou par charité. »

Je viens d'écrire le mot « sacrifice » ; il faut comprendre le vrai sens de ce mot pour se faire une idée exacte de ce que fut la mortification de Maurice Reverony durant les années de son séminaire. A sa retraite de tonsure il prend la résolution « de ne plus laisser passer un seul jour sans s'imposer au moins quelques légères mortifications dans l'usage de ses sens, particulièrement des sens du goût, de l'ouïe, du toucher. » Un peu plus tard, il reprend cette même résolution sous cette forme : « O mon Dieu, chaque jour, et surtout quand je sentirai mon âme languissante, affaiblie, tout abattue, je chercherai un sacrifice à vous offrir et je vous l'offrirai généreusement. » Lisons maintenant cette autre résolution qui date de sa première retraite à Saint-Sulpice, et qu'il répète dans ses notes ultérieures : « Je jeûnerai le vendredi, à moins que je n'aie quelques motifs de transporter ce jeûne à un autre jour. Le mardi et le vendredi depuis le lever jusqu'à l'examen particulier, je porterai les bracelets de fer. » Cette mortification n'est-elle pas un trait caractéristique de la physionomie d'un saint ?

Si quelque chose cependant la dépasse dans Maurice Reverony séminariste, c'est son amour de la pauvreté. Je cite encore les notes de sa retraite de tonsure : « O mon divin Maître, puisque je ne puis pas encore pratiquer complètement la pauvreté religieuse et absolue, je vous demande la grâce de me détacher de tous les biens du monde et de pratiquer dans toutes les occasions où cela me sera possible la pauvreté réelle. » Ce fut surtout pour avancer dans cet esprit de pauvreté qu'il se fit agréger au Tiers-Ordre de la pénitence de Saint-François d'Assise, et il est touchant de l'entendre s'écrier : « O mon vénéré père saint François,... je vous demande de m'obtenir une large part à votre esprit de pauvreté, de dénuement... » Toute sa conduite s'inspire de ces sentiments, et quoique cette époque de sa vie ne nous fournisse à cet égard aucun trait plus particulièrement frappant, il est permis de dire que dans son ensemble la manière d'agir du séminariste fait présager à quel degré le prêtre pratiquera la pauvreté.

Tant de vertu ne devait pas longtemps échapper aux regards de ceux qui l'entouraient. « Dans cette maison de Saint-Sulpice de Paris où se rencontrent tant de natures d'élite, où la bonté, la simplicité, la charité sont l'inspiration de tous les cœurs et de toutes les âmes, où par conséquent il est difficile d'attirer l'attention, nous tous pourtant qui avons connu et aimé M. Reverony, nous aimions à lui faire une place à part. » C'est un de ses confrères du séminaire qui exprime ainsi son jugement (1).

Le digne supérieur d'Issy, M. Maréchal, ayant été éprouvé par une assez grave maladie au cours de l'année 1860, racontait, depuis, que les fréquentes visites de son cher séminariste n'avaient pas peu contribué à sa guérison. Il se faisait fête de voir arriver le pieux jeune homme, dont la franche gaieté et la bonne humeur avaient le talent de rasséréner et d'épanouir tous ceux qu'il approchait. Il préférait même la société de l'abbé Reverony à celle de son saint ami Just de Bretenières dont la charité avait quelque chose de plus timide et de plus réservé.

A Saint-Sulpice, les supérieurs de Maurice lui témoignèrent

(1 Et Maurice avait trouvé à Issy, pour ne citer que quelques noms, M. Jourdan de la Passardière, ancien élève de Sainte-Marie, depuis évêque de Roséa ; M. d'Hulst, plus tard recteur de l'Institut catholique de Paris ; M. Just de Bretenières qui, au sortir d'Issy, se dirigea sur le séminaire des Missions étrangères, puis fut envoyé en Corée où il trouva la couronne du martyre, le 8 mars 1866.

leur estime en lui donnant des postes de confiance, et
« l'avis général ratifia leur choix ».

Dès le début de son séjour à Paris, ils lui attribuèrent la
charge de catéchiste à la Persévérance des filles. On sait que
les catéchismes de la paroisse de Saint-Sulpice sont faits par
les élèves du séminaire sous le contrôle d'un directeur spécialement chargé de cette œuvre. Les uns ont exalté cette
organisation avec un enthousiasme extrême, les autres ont
soulevé contre elle des critiques parfois assez vives. L'abbé
Reverony avec son sens vraiment pratique avait, ce me
semble, saisi le point de vue exact : « Les catéchismes, malgré leurs avantages, sont toujours un immense danger pour
le séminaire. Si on a de l'influence sur les chefs, il faut les
engager à ne manquer à aucun point du règlement pour le
catéchisme, et à inculquer ce principe à leurs catéchistes...
De saints catéchistes, bons et fervents séminaristes, feront
toujours beaucoup plus de bien que d'autres, lors même qu'il
n'y paraîtrait pas. » Et quant aux allures que doivent prendre
les catéchismes, il s'exprimait ainsi : « L'excès de vie d'un
catéchisme est souvent une dissipation, et met au moins les
enfants dans un milieu qu'elles ne retrouvent pas ailleurs.
Ce n'est pas les former à la vie chrétienne qui ne demande
que la simplicité et non l'agitation. L'agitation est ce que
veut le monde avec ses maximes et ses coutumes : l'honnête
médiocrité, la simplicité proportionnée à la condition d'un
chacun, mais enfin la simplicité, c'est la voie du christia-
nisme. »

Ainsi procédait-il lui-même. Il demandait pour l'enseigne-
ment du catéchisme ses ressources à des ouvrages plus solides
que brillants, il portait dans la distribution de cet enseigne-
ment son humilité habituelle, et, s'il lui arrivait quelque
petite déconvenue, il la contait avec sa bonne humeur accoutumée : « A propos de catéchisme, ma cousine d'O..... est

venue tantôt pour entendre une de mes homélies ; mais elle n'a pas eu de bonheur. Au premier tiers, dame mémoire m'a fait défaut et il a fallu descendre comme j'étais monté. J'en ai été fâché pour elle, car je crains qu'elle ne se soit figuré, à tort, que sa présence était pour quelque chose dans ce petit accident. »

Un an après lui avoir confié la charge de catéchiste, les supérieurs de l'abbé Reverony, tout en le maintenant dans cette charge, l'appelèrent à exercer les fonctions d'infirmier du Séminaire. Il conserva ces fonctions pendant deux ans. Le soin avec lequel il y pensa devant Dieu, dans sa retraite du mois d'octobre 1864, manifeste à quelle hauteur de vues il s'élevait dans l'accomplissement de ce ministère de charité et d'abnégation. « Je me défierai beaucoup dans l'exercice de ma charge d'infirmier de l'amour-propre qui pourrait inspirer mes actions, et de la jouissance naturelle que je trouve dans le commerce et le soin des malades. » Voilà pour les dispositions intérieures où il se veut établir. A ses malades « il rendra tous les services qu'il pourra et le mieux qu'il pourra, se rappelant que c'est Notre-Seigneur qui les visite par la maladie et que c'est à lui-même qu'il rend ces petits services ». — « Je serai heureux de leur rendre, quand l'occasion s'en présentera, et sans affectation, les services les plus vils aux yeux de la nature. » Mais le soin des corps était sa moindre préoccupation : « Je m'appliquerai surtout à leur prodiguer les consolations spirituelles dont ils ont tant besoin pour supporter avec patience et avec fruit les souffrances que Notre-Seigneur leur envoie. Je tâcherai de toutes mes forces de les prémunir adroitement contre le relâchement presque inséparable d'un séjour à l'infirmerie. »

Ce qu'il se proposait d'être, il l'était en effet, et, nous dit un de ses condisciples d'alors, « il eut dans cette charge l'occasion de montrer son dévouement ; il le faisait journellement, et avec un amour pour les malades et un entrain qui les charmait ».

Il fallait à l'abbé Reverony tout son attachement à la règle, toute son application et sa facilité de travail pour que ces charges cumulées ne devinssent pas nuisibles à ses études. Son directeur, le bon et vénérable M. Grandvaux, se plaindra bien que ces différentes fonctions aient fait perdre au séminariste beaucoup de temps pour la théologie ; mais la plainte ne pourra être que très relative. A vrai dire, l'abbé Reverony n'ayant pas à s'acquitter de ces devoirs multiples eût peut-être acquis plus de doctrine et eût approfondi davantage quelques questions, mais la douce influence qu'il exerçait autour de lui en eût été probablement diminuée ; les lumières de son esprit eussent été plus intenses ; le rayonnement de sa charité eût été moins efficace. Il faut ici encore donner les jugements qu'ont portés de lui ceux qui furent ses compagnons de séminaire : « Je n'ai pas à vous dire qu'au Séminaire nous l'aimions, et déjà cette affection était faite de confiance, de tendresse et de respect... Il commandait le respect sans effort, mais surtout il inspirait confiance ; il était bon, bienveillant, ne touchant aux personnes et aux choses que pour faire du bien. » Un autre écrit : « Ce qui m'a frappé en lui, c'est un jugement d'une sûreté et d'une maturité, d'un équilibre parfaits ; il jugeait du premier coup les hommes et les choses, et les jugeait complètement sans avoir à y revenir : seulement, par vertu, il ne disait jamais ce qu'il y voyait de défectueux. A peine si, par un sourire où dominait la finesse, sans exclure la bienveillance, il trahissait son impression défavorable. Il avait de l'expansion ; son cœur était trop chaud pour en manquer ; mais, par vertu, il parlait peu, aimait à laisser ou à faire parler les autres, et ne découvrait sa manière de voir que lorsqu'il y était provoqué par quelques questions... Le trait caractéris-

tique de sa vertu, c'était d'être aisée, facile et enjouée. Chez
lui le surnaturel était absolument naturel, tant il s'y était
exercé ; rien ne semblait lui coûter ; il aimait à se dévouer,
et le faisait avec une telle grâce qu'il semblait l'obligé alors
qu'il vous rendait le service le plus signalé. »

Avec de telles qualités l'abbé Reverony comptait au séminaire autant d'amis que de confrères. Mais l'inclination mutuelle qui rapproche les natures de même trempe avait bien
vite créé entre son âme et celle de deux séminaristes une
intimité plus grande qui devint une surnaturelle et sainte
amitié, non au détriment de la règle, mais pour le bien de
tous. Ils avaient leurs heures de rendez-vous afin de « parler
d'édification ». Avec quel sens pratique étaient dirigés ces
entretiens, un de ceux qui en bénéficiaient va nous le déclarer.
« J'y ai pour ma part trouvé un immense profit spirituel, et
je regarde comme une des grâces les plus précieuses de mon
séminaire cette amitié que Dieu m'a accordé d'avoir avec
deux âmes si généreuses. M. Reverony y apportait cette
cordialité si sincère et si dévouée accompagnée de tant de
modestie et d'oubli de soi-même que vous lui avez connue.
Il allait, en matière de piété, de préférence aux conclusions pratiques, aux vertus solides, au renoncement, au détachement,
à l'humilité et à l'obéissance, à la charité pour le prochain, et
toujours avec une rectitude de jugement, une sagesse de
mesure, une maturité d'expérience vraiment peu communes.
Par tournure d'esprit et par modestie, il ne cherchait pas,
il semblait même éviter les points de vue plus élevés, plus
théoriques, plus mystiques de la piété ; il aimait les bonnes
et sages règles de la perfection commune, ce qui ne l'empêchait pas d'être très intérieur et très uni à Dieu. » Il sym-
pathisait même avec les âmes dominées par l'attrait des
choses purement intellectuelles ; il écrira plus tard : « N'ayez
pas peur de votre ardeur pour les choses de l'esprit. Dieu

n'est-Il pas esprit et vérité? » — « Vive la Vérité! c'est comme si l'on disait : Vive Jésus ! Car la vérité vraie, substantielle, éclairante, nourrissante, guérissante, sanctifiante, c'est le Verbe de Dieu ! Et Jésus, c'est le Verbe fait chair ! *Ego sum via, veritas, vita!* (1) »

On ne s'étonnera pas que le vénérable M. Grandvaux, si fidèlement attaché aux règles, et si zélé pour le bien, appréciât en ces termes l'amitié qui unissait sur ce terrain les trois séminaristes : « L'amitié qui existe entre vous me paraît bien être ce trésor incomparable que l'Esprit-Saint, dans l'Écriture, élève si haut. Servez-vous-en, cher enfant, pour votre édification propre et pour celle des autres. »

Un détail, enfin, me paraît indiquer d'une manière très significative comment les supérieurs de l'abbé Reverony appréciaient son influence dans la maison : « Prenez pour sujet de votre sermon, lui écrivait M. Carbon, la ferveur avec laquelle un ecclésiastique doit se dévouer au service de Dieu ; sa vocation lui en fournit bien des motifs sous quelque point de vue qu'il la considère. Ce sujet sera utile pour vous et pour vos frères. » On ne recommande pas d'ordinaire un pareil thème à qui n'est pas capable de le bien faire valoir et bien accepter.

Au sein de la famille lévitique du séminaire, Maurice n'avait garde d'oublier la famille qu'il avait laissée dans le monde. Il eut tout d'abord à consoler son père et sa mère qui pleuraient encore leur séparation d'avec lui. Il y travailla avec une simplicité expansive et affectueuse. Pressé par son cœur et excité aussi par les conseils paternels de M. Mabire, il commença dès les premières semaines à leur montrer une entière ouverture de cœur. « Je te remercie des détails que tu nous donnes, mon bien cher enfant, et de tout ce que tu

____

(1) Je suis la Voie, la Vérité et la Vie.

nous dis de tendre et d'affectueux : cela m'a fait grand plaisir et ton père y a été très sensible et il y a remarqué un abandon qui a fait couler ses larmes. Car si on parle toujours de la tendresse des mères pour leurs enfants, il est des pères qui sentent bien vivement aussi, et le tien est de ce nombre. » A partir de ce moment toutes ses lettres furent remplies de la plus tendre déférence : pas un détail de sa vie auquel il ne veuille initier ses parents, surtout pas une occasion particulière de leur témoigner la délicatesse de ses sentiments qu'il ne saisisse avec empressement et bonheur. Nous le verrons surtout à l'occasion des ordinations épancher toute son âme dans sa correspondance avec son père et sa mère.

Cet épanouissement de piété filiale était à vrai dire la meilleure consolation que pût recevoir le cœur de ces excellents parents dans le chagrin persévérant qu'ils ressentaient du sacrifice fait à Dieu. Car, malgré toute leur foi, leur cœur était toujours déchiré et la plaie fut longue à guérir. « Nous ne nous habituons pas, ton père et moi, au grand parti que tu as pris... Sois bien tranquille, mon bien cher enfant, je te parle bien à cœur ouvert, il n'y a pas l'ombre d'un ressentiment, ni du plus petit mécontentement de notre part. C'est uniquement un très vif chagrin et un grand déchirement de cœur... C'est un immense chagrin et un grand sacrifice que Dieu nous impose. Nous l'acceptons, nous nous soumettons, mais nous pleurons... »

On n'a pas de peine à comprendre ces regrets, si chrétiens d'ailleurs, en voyant à quel point la tendresse déborde dans les lettres de Mme Reverony à Maurice. On les apprécie mieux encore en les mesurant à la confiance que marquent déjà au séminariste ses vénérables parents.

A l'époque où leur fils était au séminaire, ils avaient, en effet, à soutenir un long et pénible procès dont l'enjeu était la terre de Fourneaux. Leurs adversaires s'étaient pourvus en cassation contre un arrêt de la cour de Caen. Autant l'abbé Reverony se montra dévoué envers ses parents dans cette affaire, autant ils lui témoignèrent qu'ils appréciaient son concours : ils le chargeaient des missions les plus délicates et ne se résolvaient à aucune démarche sans lui en avoir écrit. Parents et fils, du reste, faisaient voir la loyauté la plus scrupuleuse et les sentiments les plus élevés dans toute la marche de cette procédure (1).

Les solides études que l'abbé Reverony avait faites à l'école de droit expliquaient sans doute que ses parents missent à profit ses connaissances. Mais ce qui prouve bien qu'il y avait à leur manière d'agir un autre motif, c'est la part très large qu'ils lui attribuaient dans le conseil de la famille quand il fallait prendre, concernant ses frères, quelque importante

(1) L'abbé Reverony eut, à l'occasion de ce procès, une assez piquante aventure. Ses parents voulurent prendre l'avis de Dufaure. Celui-ci examina l'affaire et correspondit à ce sujet avec Demolombe auquel il écrivit deux ou trois lettres. L'abbé Reverony alla ensuite le voir, le remercia et lui demanda quels honoraires lui étaient dus. Dufaure, à demi-voix, et d'un ton nasillard : « Donnez-moi *cent francs*, si vous voulez. » L'abbé Reverony entend *cinq francs* et croit faire les choses grandement en déposant *vingt francs* sur la cheminée. « Mais à la réflexion, disait-il à ses parents, j'ai pensé que j'avais mal entendu et qu'il m'avait dit *cent francs*. C'est beaucoup, mais il a pris connaissance des pièces, écrit deux ou trois lettres... Et puis, c'est M. Dufaure. » Le lendemain, il expliquait à Dufaure sa méprise en quelques lignes d'une simplicité et d'une rondeur charmantes et enfermait dans le pli un billet de *cent francs*. Trois jours après, Dufaure fit déposer par son domestique au séminaire à l'adresse de l'abbé une enveloppe renfermant sa carte et *vingt francs*. « Je vous avoue, écrivait le séminariste à ses parents, que j'étais loin de m'y attendre. »

Autre trait relatif à ce procès.

La Cour de cassation ayant renvoyé l'affaire devant la cour de Rouen, M. Reverony avec son fils Maurice (alors absent du séminaire par raison de santé) se rendit en cette ville au moment des plaidoiries et de l'arrêt. Un ami le rencontra dans la cour du palais de Justice : « Comment, vous à Rouen ! quelle heureuse fortune ! — Nous sommes venus pour nous entendre condamner à perdre Fourneaux, mais que la volonté de Dieu soit faite ! Avouez que je n'ai pas le droit de me plaindre, ayant reçu de sa bonté les trois excellents fils qu'Il m'a donnés. » Cela fut dit avec le même calme que s'il se fût agi d'une affaire étrangère ou de peu d'importance.

décision : « Tu as écrit à tes frères, lui disait sa mère, une charmante lettre que nous avons tous appréciée comme elle le mérite. Tes deux frères en étaient enchantés et je te remercie de tout ce que tu leur dis. Tu ne perds pas ton temps, sois-en sûr, mon bien cher enfant, et c'est avec un véritable bonheur que nous voyons augmenter leur confiance en toi. » Aussi l'informait-on de tous les détails et lui demandait-on son avis dont on tenait grand compte. « Nous avons trouvé, ton père et moi, toutes les réflexions que tu nous fais au sujet d'Anatole parfaitement justes et raisonnables. » Et ailleurs : « Dis-moi ce que tu penses de l'abbé C***, comme directeur d'Henri. »

Par ces quelques traits on peut se faire une idée du caractère attachant et de la très réelle importance que revêtait la correspondance régulière du séminariste avec ses parents. La plupart du temps, il leur écrivait collectivement et sa mère répondait au nom des deux. Quelquefois aussi, il écrivait en particulier à son père ou à sa mère des pages délicieuses, et surtout quand il s'adressait à sa mère toute seule et que celle-ci lui répondait en son propre nom, on eût dit que leurs deux âmes voulaient en quelque sorte se compénétrer.

Pour ce qui était de ses frères, Maurice faisait plus que de leur adresser des conseils très sages et très fraternellement affectueux : il avait pour eux, dans les petites choses comme dans les grandes, le dévouement le plus absolu et le plus délicat.

Lorsque son frère Henri eut quitté Sainte-Marie et commencé à la trésorerie générale l'apprentissage de la carrière à laquelle il se destinait, Maurice écrivait à ses parents de donner sa chambre à son frère, car, disait-il, « Henri sera beaucoup mieux dans cette chambre; ses deux fenêtres lui donneront plus de jour... et quand il sera lié avec quelques jeunes gens, il lui sera plus facile et plus agréable de les recevoir dans cette chambre que dans l'autre ». Cette prévenance n'était rien auprès de ce que les circonstances devaient réclamer de l'abbé Reverony en faveur de son frère. Après d'autres malheurs de famille qui marquèrent le début des premières vacances du séminariste, une maladie soudaine vint mettre en danger les jours de son cher Henri. L'abbé Reverony était à la campagne : il accourut près du malade, et pendant plus d'un mois il lui donna tout son temps, n'en dérobant rien que pour s'appliquer à l'accomplissement de ses exercices de piété et au soin des pauvres que rien ne pouvait lui faire oublier. Ce fut seulement quand le danger parut définitivement conjuré, qu'il consentit à retourner à la campagne afin d'y prendre un repos indispensable. Mais il fournit à son frère pendant la durée d'une presque interminable convalescence un autre genre d'assistance affectueuse. De longues lettres venaient distraire le malade et charmer les ennuis de son inaction forcée. Tantôt, elles lui expliquaient la composition de la maîtrise de Saint-Sulpice ou lui décrivaient l'effet saisissant des beaux chants qu'elle exécutait : ce qui, pour Henri musicien passionné, avait un intérêt tout particulier ; tantôt, elles racontaient gaiement une promenade à travers Paris, ou bien une visite à quelque célèbre monument ; toujours elles contenaient l'expression de l'amitié la plus fidèle et du dévouement le plus absolu. Enfin les médecins ayant conseillé à Henri de prendre les eaux, l'abbé Reverony n'eut pas de cesse qu'il n'eût obtenu de ses supérieurs la permission de quitter le séminaire avant la fin de l'année et de partir avec son frère afin d'aller prendre soin de lui. Il est vrai que lui-même devait profiter de ce séjour aux eaux pour consolider sa propre santé assez profondément ébranlée, et que cette raison fut la principale dans l'esprit des supérieurs, mais lui voyait avant tout le bien de son cher Henri.

Son frère Anatole ne lui inspirait pas moins de sollicitude quoique dans un ordre de choses différent. Les nécessités de la carrière qu'il se proposait de suivre avaient appelé de Sainte-Marie à Paris ce jeune frère. Il se préparait par un séjour à l'école de la rue des Postes aux examens d'entrée à Saint-Cyr. Le séminariste sentait combien à ce moment son titre d'aîné prenait d'importance. Il le méditait sous le regard de Dieu et il écrivait dans ses notes intimes : « Je m'occuperai beaucoup et uniquement par esprit de foi, de charité, de zèle pour le salut de son âme, de mon frère. Je le soutiendrai, je l'encouragerai de mon mieux, je ferai tous mes efforts pour aider les Pères à entretenir les sentiments de foi et de piété qu'il a dans le cœur. Pour cela, je le verrai aussi souvent que je pourrai en obtenir la permission. Je serai toujours très doux pour lui, lui témoignant beaucoup d'intérêt et une salutaire fermeté s'il en est besoin. » Il est difficile, ce me semble, de trouver un dévouement fraternel s'exprimant avec plus d'élévation et de délicatesse. Or, ce programme que Maurice s'était tracé, il l'exécutait de point en point, sauf le dernier, faute d'occasion, car, répondait-il à sa mère : « Je suis, je vous assure, très heureux de n'avoir que d'excellentes choses à vous dire de ce cher enfant. »

Tant qu'Anatole fut élève de l'école Sainte-Geneviève, presque chaque semaine les deux frères se voyaient. Souvent, le mercredi, leurs supérieurs respectifs, comprenant tout le bien que le séminariste faisait au Saint-Cyrien, leur permettaient de passer ensemble l'après-midi. L'abbé Reverony s'ingéniait alors à trouver ou à faire trouver « quelque bonne idée pour occuper la sortie d'Anatole ». Ensemble ils visitaient les familles alliées ou amies de la leur, les heures s'écoulaient en expansives conversations et, le soir venu, ils se séparaient enchantés l'un de l'autre.

La fin de cette année amena pour le futur officier les épreuves redoutées auxquelles il devait être soumis avant d'entrer à Saint-Cyr. L'abbé Reverony revenant des eaux, pressé d'aller embrasser son père et jouir dans la maison paternelle du repos de ses vacances, n'hésita pas à demeurer quelques jours à Paris, parce que « si Anatole avait le malheur de passer d'une manière un peu médiocre sur une matière, il serait très avantageux pour lui d'avoir près de lui quelqu'un qui le remontât et l'encourageât ».

Lorsque l'heureux candidat eut été admis à Saint-Cyr, l'abbé Reverony lui continua sa pieuse et fraternelle sollicitude et son affectueux dévouement de véritable ange gardien.

Le zèle du séminariste ne se bornait pas à ceux de sa famille. Les camarades restés dans le monde en éprouvaient aussi les heureux effets. L'un d'eux lui écrivait dans une circonstance particulière ces paroles très remarquables : « Ce sont tes bons conseils qui m'ont empêché de faire une grande bêtise : mes remerciements te seraient inutiles, et d'ailleurs tu n'en voudrais pas au début d'une carrière qui sera, j'en suis sûr, bien fertile en conversions... Tu peux faire autant de bien de loin que de près. Nous avons perdu un bon camarade, nous retrouvons un excellent ami : Saint-Sulpice, je le vois, ne détruit pas les saintes amitiés. »

Nous avons étudié la vie du séminariste sous des aspects multiples : nous n'avons point parlé des faits les plus considérables de cette vie, je veux dire les ordinations. J'ai cru que dans la vie de l'abbé Reverony ces faits devaient être présentés tout à fait en relief ; nous allons les étudier à part et en parcourir la série dans un chapitre spécial.

CHAPITRE IV

Les Ordinations.

Aux yeux de l'Église une ordination produit deux effets. Le premier, extérieur, est de constituer ou d'avancer dans la hiérarchie celui qui la reçoit. Le second, intérieur, est de lui donner des grâces particulières abondantes avec lesquelles il pourra pratiquer les vertus qu'exige sa nouvelle dignité.

Or, l'abondance des grâces de l'ordination dépend en grande partie de la préparation qu'y apporte l'ordinand ; l'idée plus ou moins élevée qu'il se fait de chacun de ces saints degrés, les sentiments qui animent son cœur, le zèle avec lequel il dispose son âme contribuent comme autant de facteurs surnaturels à assurer et à développer le résultat intérieur cherché dans l'ordination.

On comprend par là que la manière dont un séminariste reçoit les ordinations puisse donner, réserve faite des négligences ultérieures possibles de sa part et des miséricordes exceptionnelles de Dieu, la mesure de ce qu'il vaudra dans le sacerdoce : tel ordinand, tel prêtre.

Il est sans doute délicat de chercher à pénétrer au fond d'une âme pour y découvrir ces faits absolument intimes. Mais la Providence a permis qu'en quelques-unes de ces grandes circonstances l'abbé Reverony ait, pour ainsi dire, manifesté son âme tout entière.

Voici en quels termes il annonçait à ses parents l'approche du jour où il recevrait la tonsure : « Je me recommande, mes chers parents, plus que jamais à vos bonnes prières, à celles de mes frères et de ma tante, car l'ordination de la Trinité approche et ce sera probablement à cette époque que j'aurai le bonheur de recevoir la tonsure cléricale. Je vois avec joie et plus encore avec calme approcher ce moment où je commencerai ainsi à me consacrer à Dieu d'une manière plus particulière. Cette consécration sera pour moi un engagement de travailler à devenir meilleur et par conséquent d'entretenir et de développer en moi les doux sentiments d'affectueuse tendresse que je sens chaque jour s'accroître pour vous dans mon cœur. » Quelques jours plus tard, il écrivait à sa mère : « ...Je suis profondément convaincu que tout est grave, sérieux, digne de ménagements dans l'état ecclésiastique et dans les divers degrés que l'on suit avant d'arriver au sacerdoce. Je puis donc te donner l'assurance la plus positive et la plus rassurante que, dans la réception de la tonsure à la Trinité (2 juin 1860), il n'y aura ni précipitation, ni entraînement. D'ailleurs, tu sais que la tonsure n'est pas un ordre, pas même un ordre mineur, ce n'est en quelque sorte que la porte des ordres. Ce n'en est pas moins un engagement solennel et public d'appartenir plus particulièrement à Dieu ; je serai très heureux, mais d'un bonheur calme et réfléchi, de faire ce premier pas dans le sanctuaire, et cette consécration de moi-même à Dieu : je serai heureux aussi de savoir que je le fais accompagné de tes prières et de tes vœux. »

Tant de tranquillité et de paix montraient bien que cette âme marchait dans sa voie. La note suivante prouve à quel point Dieu voulait en faire une âme privilégiée : elle a été jetée à la hâte sur le papier par l'humble et joyeux tonsuré, le soir du 2 juin : « *Hæc dies quam fecit Dominus, exultemus et lætemur in ea.....* (1). »

« Merci, mon Dieu, merci, merci, merci : je ne suis pas digne de tant de grâces... »

Lors de son sous-diaconat, nous retrouvons en l'abbé Reverony les mêmes dispositions à un degré encore plus parfait. Il annonce à ses parents sa participation à l'ordination dans laquelle il doit devenir sous-diacre par une belle lettre que je me reprocherais de ne pas transcrire ici : « Mes bons parents, depuis longtemps, et particulièrement depuis mon entrée au séminaire, ma vocation a été pour moi l'objet d'un examen sérieusement consciencieux. Les ordinations auxquelles j'ai pris part sont venues successivement entretenir et augmenter le soin avec lequel, dans le calme de la solitude, sous le regard de Dieu, je me suis livré à cette étude importante et décisive. Le résultat en a toujours été un désir, une volonté constante, froide, sans hésitation, de me consacrer au service de Dieu dans l'état ecclésiastique.

« Aujourd'hui, appelé par les hommes pieux, éclairés, loyaux qui dirigent le séminaire, et par le vénérable et expérimenté vieillard qui dirige ma conscience, à prendre part à l'ordination prochaine, je crois venu le moment de recevoir le sous-diaconat.

« Je m'empresse, mes bons parents, de vous faire part de cette décision importante, afin que tous, unissant nos prières, nous demandions à Dieu les grâces qui nous sont nécessaires à vous et à moi dans cette grande circonstance... Je comprends combien sont sérieux ces engagements qui ne sont que les prémices de ceux plus redoutables du sacerdoce. Mais, avec la grâce de Dieu, mes bien chers parents, ils ne m'ef-

---

(1) Voici le jour que le Seigneur a fait, tressaillons d'allégresse et réjouissons-nous donc !

fraient pas, et ce sera sans inquiétude, sans trouble, sans arrière-pensée que je ferai ce nouveau pas dans le sanctuaire... »

On admire une telle sérénité : on n'admire pas moins la tendresse constante avec laquelle le cœur du lévite se reporte sans cesse vers les siens en ces importantes occasions : « En m'attachant plus étroitement et plus indissolublement à Dieu, mon cœur ne brisera pas les liens qui l'attachent à vous. » Et après une réponse touchante de ses parents : « Oui, c'est un grand bonheur pour moi, je ne cesse de me le redire, d'entrer dans les saints ordres accompagné de la bénédiction de mon père et de ma mère. C'est pour moi une immense consolation dont je remercie Dieu de tout mon cœur et dont j'essaierais en vain, mes bons parents, de vous témoigner ma gratitude et mon affectueuse reconnaissance. » Et à sa mère : « Ma bonne mère, ta lettre m'a fait bien plaisir; tu ne peux pas douter du bonheur que j'éprouverai à te savoir près de moi à l'ordination. Mais je serais désolé de penser que cela doive être pour toi un sacrifice trop pénible. Il ne faut pas te dissimuler que ce sera une cérémonie pleine de grandes émotions pour toi. Je ne doute pas que ta foi et ton amour maternel ne te les fassent supporter; mais je veux te dire encore que, très heureux de penser que tu viendras, je suis cependant, si tu le préfères, prêt à en faire le sacrifice. »

Cette mère si chrétienne ne recula pas : elle tint à être présente avec ses deux autres fils à la consécration définitive que son fils aîné faisait de lui-même à Dieu. Le surlendemain de l'ordination, le nouveau sous-diacre écrivait à son père : « J'aurais voulu te dire plus tôt tout ce que avant-hier, plus que jamais, mon cœur a éprouvé d'affection vive et tendre pour toi, pour maman, pour mes frères, pour tous ceux qui me sont chers... » Et parlant de la présence de sa mère et de ses frères à la cérémonie, il ajoutait : « J'ai été heureux qu'ils pussent puiser dans le calme et la sécurité tranquille avec laquelle j'ai fait cette importante démarche, un calme et une sécurité qu'ils partageront avec toi. »

Après avoir lu l'expression de tels sentiments, on mesure quelle épreuve ce fut pour l'abbé Reverony d'apprendre, au milieu de la retraite qui le préparait au diaconat, la mort de son grand-père, M. de Vendeuvre. La perte de ce bon père l'affligeait, mais il se consolait à la pensée des vertus qui avaient brillé dans le vénérable défunt. Quels accents que ceux de la lettre qu'il écrivit alors à sa mère : « ...Je t'avouerai, ma bonne mère, que par moments mon âme éprouve une grande consolation, et que les regrets qui l'occupent sont souvent dominés par la pensée du bonheur dont jouit notre cher défunt ! Je le vois récompensé de la sainteté de sa belle vie ! Je le vois heureux de retrouver tant d'âmes pieuses qui l'avaient devancé et qu'il avait pleurées ! Je le vois réuni au bonheur de ce cher oncle Octave (1) sitôt ravi à notre affection ! priant Dieu de vous donner à tous force, courage, résignation ; appelant sur vous les meilleures bénédictions ; et continuant avec toute la puissance que lui donne son bonheur à diriger la famille désolée qu'il laisse sur la terre. Oh ! j'espère que son influence ne sera pas stérile... » Ce fut néanmoins pour l'abbé Reverony une

---

1 Octave de Vendeuvre, né à Caen le 22 mars 1820, et décédé le 30 juillet 1860, à Lunéville, capitaine commandant au 6ᵉ régiment de cuirassiers, était un officier instruit et laborieux. Les plans nombreux qu'il a levés, et qui ont eu l'honneur d'être admis au dépôt de la Guerre, témoignent de son intelligence et de son mérite professionnel, mais il était surtout un soldat chrétien et son colonel put dire sur sa tombe :

« Le capitaine de Vendeuvre était de ceux que la mort ne peut surprendre ; cœur loyal et pur, sa vie fut toujours exempte de reproche, sa fin fut édifiante. Guidé par une inspiration divine, quelques jours avant sa mort, il demanda les secours de la religion et les reçut avec toute la ferveur d'un vrai chrétien. »

privation qu'il ressentit vivement de ne pouvoir être avec les siens en cette pénible circonstance. Il accepta l'épreuve avec un cœur magnanime et Dieu le récompensa au cours de sa retraite en remplissant son âme des sentiments les plus élevés... « Dans cinq jours, ce ne sera plus seulement les vases sacrés vides qu'il me sera permis de toucher, mais ces mêmes vases renfermant le corps, le sang, l'âme, la divinité de Jésus, mon aimable Maître. Oh ! mon Dieu, que je traite toujours votre corps avec le même respect que Marie le traitait sur la terre ! »

Qui a connu l'extrême révérence dont usait l'abbé Reverony, devenu prêtre, envers tout ce qui concernait la sainte Eucharistie peut se l'expliquer par ce souhait.

Il portait si loin cette révérence, il était si pénétré des grands mystères cachés sous cette petite forme qu'on appelle une hostie, qu'en préparant à la sacristie celle qui, à sa voix, allait devenir son Dieu, il s'écriait avec ce ton humble et profond qui lui était propre : « Ah ! Jésus, Seigneur Jésus !... »

On aime aussi à lire dans les notes de cette retraite les témoignages de l'amour grandissant du lévite pour la sainte Église. « Demain, mon Dieu, je renouvellerai sur le pavé du temple la promesse que je vous fis naguère de me dévouer corps et âme au service de l'Église et à la défense de ses intérêts et de son Chef bien-aimé. Je renouvellerai l'offrande et la consécration que je vous ai faite de toutes mes actions en faveur de notre vénéré, bien-aimé Pie IX (1). »

(1) Ces paroles font allusion à l'existence d'une société qui s'était formée parmi les séminaristes de Saint-Sulpice dans le but de « travailler à la défense et à l'exaltation de la sainte Église romaine, pendant toute sa vie et partout. » Elle avait pris le nom de Zouaves pontificaux. Pie IX lui accorda un bref le 4 juillet 1861.

A l'offrande des actions dont parle l'abbé Reverony, elle joignait entre autres choses « le zèle pour étudier, défendre, propager avec prudence les droits, prérogatives, privilèges du Saint-Siège et du Souverain Pontife. »

On est touché profondément en parcourant les lignes suivantes : « Le diacre doit être un serviteur : je vous demande, ô mon Dieu, participation à l'esprit de servitude de Notre-Seigneur, auquel participèrent si abondamment les premiers diacres. Je m'appliquerai avec le secours de votre grâce à servir en esprit de foi et pureté d'intention : 1° les malades près desquels ma charge m'appelle ; 2° les pauvres qui sont les bien-aimés de Notre-Seigneur ; 3° les enfants qu'Il aimait à bénir, et auxquels nous devons devenir semblables pour entrer dans le royaume des cieux. »

On est attendri en entendant à la veille du diaconat le tertiaire de Saint-François demander à « son vénéré Père » de lui obtenir « une large part à son esprit de pauvreté et de dénûment ».

Deux mots, saisis l'un dans une lettre, l'autre dans quelques pages d'un journal de voyage ne contenant que des notes sommaires, montrent bien comment Notre-Seigneur récompensa ces belles dispositions. « La journée d'hier, où Dieu a été si bon pour moi », écrivait le nouveau diacre. Et six mois plus tard : « J'ai eu le bonheur d'aller chercher, d'exposer, de reporter le Saint-Sacrement. » La ferveur des premiers jours ne devait pas se refroidir. L'abbé Reverony était de ceux qui ne se familiarisent jamais avec les choses saintes ; la routine n'était pour rien dans l'exercice de son ministère. Vicaire général, il avait encore la fraîcheur de sentiments du jeune diacre. C'est dans cet esprit qu'il écrivait après une procession à laquelle il avait porté le Très Saint Sacrement : « C'est le cœur encore tout embaumé du contact de Jésus que j'ai lu votre lettre. »

Par la réception du diaconat, l'abbé Reverony se trouvait en face du sacerdoce. Avant de dire comment il régla sa dernière préparation à cette ordination suprême et ses dispositions pour en mettre à profit les excellentes et nombreuses gràces, il est nécessaire de le suivre dans l'examen d'une question qui se posait alors à lui et réclamait une solution pratique : Sous quelle forme exercerait-il le ministère sacerdotal ?...

Car si les ouvriers du Père de famille reçoivent tous le même sacerdoce et s'emploient tous à la culture du même champ, tous n'y ont pas le même travail, et la vocation sacerdotale a besoin en quelque sorte d'être particularisée par un appel plus spécial de Dieu qui détermine à chacun la nature de la tâche à remplir.

Ceux qui connaissaient l'abbé Reverony ne pouvaient douter de son aptitude naturelle et surnaturelle à remplir les ministères les plus divers. On eut un moment la pensée, durant les vacances qui suivirent son ordination au diaconat, de faire appel à son dévouement pour relever une maison d'éducation religieuse dont l'avenir semblait compromis. Il pria, il consulta son directeur, M. Grandvaux ; il consulta aussi des personnes prudentes pouvant par elles-mêmes bien connaître la situation. Un instant, on put croire que l'abbé Reverony, conformément à l'avis de M. Grandvaux, et nonobstant une certaine opposition de ses parents, allait entrer dans la voie qui se présentait ainsi à lui. Mais des circonstances indépendantes de sa volonté lui firent bientôt adopter une autre décision.

En prenant ce parti, l'abbé Reverony eût, il est vrai, sacrifié une inclination qui, depuis assez longtemps déjà, portait son cœur vers un autre genre de ministère. Étudiant en droit, il avait vu de près, en s'y associant, l'admirable dévouement des Petites Sœurs des Pauvres : séminariste, il continuait de porter le plus vif intérêt à ces servantes des pauvres et à leurs vieillards : il rêvait de leur consacrer son ministère sacerdotal.

L'abbé Le Pailleur avait formé le projet d'une communauté

de prêtres « seconde famille en tout basée sur celle des Sœurs : même esprit, même pauvreté, même dévouement, même obéissance, dont le but serait de rendre aux Sœurs, aux vieillards, tous les secours spirituels qui dépendent du saint ministère, en allant faire des retraites aux Sœurs, aux pauvres de leurs maisons, et aux autres pauvres des villes et des campagnes, selon qu'il serait possible ». Les premiers essais de réalisation de ce projet avaient lieu en 1859, alors que Maurice Reverony, encore étudiant en droit, était sous le coup du désenchantement que lui avait causé la fondation manquée à Montebourg. Il connut ces essais par les Petites Sœurs de Caen et plus particulièrement par sœur Sidonie, sa confidente. La perspective d'une vie de dévouement absolu aux pauvres dans l'abnégation la plus complète séduisit le jeune homme. Avant même son entrée à Issy, il s'en ouvrit à l'abbé Le Pailleur et, dès lors, s'établirent entre eux des relations assez suivies. Le séminariste croyait devoir tenir au courant de tout ce qui le concernait celui qu'il regardait déjà presque comme un supérieur, et l'abbé Le Pailleur se réjouissait à la pensée que la Providence lui destinait peut-être une si précieuse recrue. Le bon prêtre, toutefois, ne précipitait rien, ne forçait rien. Il recommandait le secret, mais il insistait pour que l'abbé Reverony se préoccupât avant tout de chercher et d'accomplir la sainte volonté de Dieu. A une lettre par laquelle le séminariste lui annonçait sa prochaine promotion au diaconat, l'abbé Le Pailleur répondait : « Celui qui vous a appelé là veut-il davantage ? Quand je me rappelle tout ce que Dieu a fait pour vous, je suis porté à le croire ; mais je ne suis pas en état de décider. Tout ce que je puis faire, c'est de prier pour que Notre-Seigneur vous éclaire et vous fasse connaître sa sainte volonté. »

L'âme si calme et si maîtresse d'elle-même du séminariste comprenait cette réserve prudente. Un autre, moins surnaturel, s'en serait dépité : lui, gardait toujours au fond de son cœur ses désirs ardents de s'immoler au service des pauvres.

Une fois déjà, en 1859, il avait pu passer par La Tour Saint-Joseph (résidence de la communauté naissante), sans rien laisser deviner de ses intentions. Au mois de juillet 1863, il mit à profit pour y retourner, sans éveiller l'attention de ses parents, une circonstance d'ailleurs pénible. Le mauvais état de sa santé l'avait contraint d'aller, pendant le mois de juin, prendre du repos dans sa famille. Le mieux s'étant prononcé, il put revenir à Saint-Sulpice pour passer son examen de fin d'année. Ce fut de ce voyage qu'il se servit afin de couvrir sa pieuse fraude. Son pèlerinage à La Tour lui tenait tant à cœur qu'il en a consigné jour par jour et heure par heure en quelque sorte toutes les circonstances dans des notes émues. Il eut de longs entretiens avec l'abbé Le Pailleur et la Supérieure générale, mais cette fois encore aucune décision ne fut arrêtée : on convint seulement de s'en rapporter au jugement de M. Grandvaux.

Au mois d'octobre, l'abbé Reverony rentrait à Saint-Sulpice et, peu de jours après, il transmettait à l'abbé Le Pailleur l'avis de M. Grandvaux : le séminariste devenu prêtre devrait se remettre entre les mains de son évêque, au moins pour un temps. Le pieux supérieur de La Tour Saint-Joseph accepta la solution sans discussion. « Je ne demande que la volonté de Dieu, écrivait-il ; préparez-vous donc d'abord au sacerdoce, et ensuite et prochainement au saint ministère qui devient votre partage et peut-être pour toujours votre vocation. »

Le fervent séminariste n'avait pas besoin de cette exhortation pour se disposer avec une sainte activité à l'ordination sacerdotale. Il avait fait de cette préparation prochaine l'objet des méditations de sa retraite du mois d'octobre, lors de sa rentrée au séminaire, et il l'avait entreprise généreusement, la confiant à la Très Sainte Vierge avec une filiale et touchante simplicité.

Au cours des trois mois qu'il passa encore au séminaire, il élabora un règlement de vie sacerdotale dont il arrêta la formule définitive pendant la retraite de son ordination. Les sentiments les plus beaux s'y rencontrent à côté des détails les plus précis et les plus pratiques. La suite de sa vie nous reportera souvent à ce règlement, car il sera utile de connaître comment l'abbé Reverony avait disposé d'avance sa vie de prêtre. Il faut seulement en rapporter ici quelques extraits afin de montrer avec quel élan l'âme du futur prêtre s'élevait vers Dieu et comment elle s'ouvrait aux grâces du sacrement.

« O mon Dieu, vous seul ! vous seul ! je ne veux plus penser qu'à vous, parler que de vous... Je ne veux plus voir et entendre les hommes que pour vous, pour leur parler de vous, pour les amener à vous. Dieu seul ! Dieu seul !

« Dieu et les âmes toujours en vue, et moi toujours en sacrifice.

« O Jésus, donnez-moi l'amour, la passion des souffrances, de l'abnégation, du renoncement... O Jésus, plantez la croix dans mon cœur ; ô Jésus, Jésus crucifié, venez en moi ! donnez-moi part à vos souffrances, à vos larmes, à vos angoisses ! C'est en tremblant que je vous fais cette prière ; je sens ma faiblesse et ma nature frémir ! Mais, ô Jésus, j'ai confiance en vous ! Animez-moi de votre esprit. »

Quelle gracieuse forme donnée à cette abnégation dont il avait soif que celle qui nous est révélée dans cet article de son règlement : « Renouveler de temps en temps la donation que j'ai faite à la Très Sainte Vierge de tout ce que je possède et posséderai. Je ne suis que le dépositaire et l'administrateur de ses biens. Cette pensée doit me diriger dans l'emploi de mes ressources. S'il s'agissait de dépenses un peu considérables, j'aimerais à les faire approuver par mon directeur ou quelque personne prudente en esprit de dépendance et de soumission à ma bonne Mère. »

« Sa bonne mère ! » Ce fut vers elle qu'il jeta son dernier cri avant d'aller se présenter au Pontife pour recevoir l'onction sainte. « O Marie, ma Mère, si je dois un jour contrister encore votre cœur et celui de votre divin Fils, oh ! accordez-moi la grâce de rester demain étendu sur le pavé du temple ! Oh ! oui, mourir, mourir mille fois plutôt que de vous contrister ! »

Or, tandis que l'abbé Reverony disposait ainsi son âme, sa famille s'empressait de faire pour le grand jour les plus beaux préparatifs extérieurs. De tous côtés arrivaient au séminariste les témoignages de l'affection la plus pieuse et la plus vive. « Vous avez tous été si bons pour moi, pouvait-il écrire, que vous ne m'avez rien laissé à désirer. » Mais parmi ces présents, deux surtout parlaient à son cœur. L'un était un magnifique calice, don de sa grand'mère. L'abbé Reverony eut le bonheur de le faire parvenir sûrement à Rome, où le Souverain Pontife le consacra en s'en servant pour célébrer les Saints Mystères. L'autre présent venait de sa mère. C'était une aube en filet brodé, vraie merveille de travail et de bon goût. La pieuse mère y avait mis plus que toute son habileté, elle y avait mis son cœur, comme le manifestait une dédicace qui reliait gracieusement la riche broderie à la fine batiste. Bien des fois l'abbé Reverony avait suivi d'un regard attentif et affectueux les progrès de l'œuvre maternelle, et la délicate ouvrière avait alors des sourires d'une rare tendresse. Quand Dieu eut rappelé à Lui Mme Reverony, cette aube devint pour le cœur du fils un mémorial deux fois consacré, et du ciel sans doute la mère a souri plus d'une fois aux religieux égards dont il entourait ce souvenir inestimable à ses yeux. Tant était vrai ce qu'il avait répété tant de fois, qu'en se donnant plus complètement à Dieu il sentait redoubler son amour pour les siens, — ce qu'il écrivait encore au moment de chercher dans la retraite les suprêmes dispositions pour la digne réception du sacerdoce : « Me voilà arrivé à des jours bien solennels et bien graves ; à la veille de recevoir d'augustes pouvoirs et de lourdes responsabilités ; convaincu de ma faiblesse, mais confiant en Dieu qui ne me manquera pas. Je sens plus que jamais combien je vous aime. »

Mᵐᵉ Reverony, accompagnée d'Anatole qui, devenu sous-lieutenant, avait déjà reçu l'ordre de partir pour l'Afrique, devait assister à l'ordination. Quelle fête pour elle, et comme elle ne regrettait pas les chagrins qu'elle avait jadis éprouvés. La veille au soir, un mot du séminariste donnait ses dernières instructions afin de leur assurer à tous deux sa première bénédiction. Tout était prêt en vue d'une grande joie : nul ne s'attendait à une grande épreuve.

Au matin du 19 décembre, les jeunes lévites s'avancent sous les voûtes de Saint-Sulpice. Parmi eux vingt-deux diacres viennent demander au Pontife l'onction qui fait les prêtres. Les cérémonies se déroulent avec leur majesté accoutumée. L'archidiacre appelle ceux qui doivent être ordonnés prêtres. Soudain l'archevêque défaille : exténué par de récentes fatigues et par le jeûne, ses forces trahissent son courage, il tombe épuisé. Grande est l'émotion de toute l'assistance, douloureuse est la déception des vingt-deux diacres qui sont là et qui voient le sacerdoce s'éloigner d'eux, alors qu'ils en savouraient presque les consolations et les allégresses.

Exercé depuis longtemps à contempler tous les événements avec un calme parfait, l'abbé Reverony ne fut point troublé de ce pénible contretemps : il y avait un sacrifice à faire, il le fit, et, sans discuter avec la Providence, il se résigna simplement à n'avoir, s'il le fallait, aucun des siens près de lui le jour de son ordination. Il s'employa au contraire à les consoler. Le devoir appelait son cher Anatole : il l'accompagna jusqu'à la gare, voulant épargner à sa mère les tristesses du dernier moment. Puis il décida cette bonne mère à reprendre la route de Caen, sans attendre la réponse de Rome à la demande que lui avait immédiatement adressée Mgr Darboy.

Le prélat, en effet, avait sollicité l'autorisation de procéder à une nouvelle ordination. Rome l'accorda sans difficulté aucune dès le 2 janvier. Mais le mauvais temps retarda en mer le paquebot qui apportait l'expression écrite de cette autorisation, et à Paris des commentaires assez malveillants eurent cours sur ce retard dont la cause était inconnue. « Vous ne pouvez, écrivait l'abbé Reverony à ses parents, vous figurer toutes les sottises que beaucoup de petits esprits disaient à l'occasion de ce retard apparent. Ils ne parlaient que de lenteurs systématiques, du désir que l'on avait à Rome de contrarier l'archevêque de Paris, et autres niaiseries que cette date du 2 janvier est venue confondre. Car il est certain qu'une fois décidé que ces sortes d'affaires ne devaient pas être traitées par le télégraphe, nous ne pouvions pas raisonnablement attendre une réponse plus tôt. Le mémoire instructif n'étant arrivé à Rome que le mercredi 30 décembre, il a fallu beaucoup de bonne volonté et de diligence pour expédier la réponse par le prochain paquebot qui est parti de Rome le dimanche, surtout quand on réfléchit que le jeudi et le vendredi étaient le jour saint Sylvestre, fêté à Rome, la Circoncision et le jour de l'an... Quoi qu'il en soit, l'ordination est fixée à dimanche 17. »

Et, le dimanche 17 janvier 1864, l'abbé Reverony fut ordonné prêtre dans la chapelle du séminaire. Devinant les désirs du cœur de l'ordinand, sa mère était revenue à Paris ;

elle ne voulait point qu'il fût seul au moment où il devenait complètement l'homme de Dieu. Le lendemain, elle assistait à la première messe que le nouveau prêtre disait à l'église paroissiale de Saint-Sulpice, dans cette chapelle de Notre-Dame des Allemands, où, séminariste, il avait exercé les fonctions de catéchiste, et qu'il affectionnait singulièrement.

A quelques jours de là, quittant le séminaire et Paris, l'abbé Reverony reprenait le chemin du foyer paternel. Mais, la veille de son départ, il avait voulu que son directeur lui fixât une pratique qui fût, durant toute sa vie de prêtre, la sauvegarde de sa fidélité à Jésus. « Mon enfant, lui dit M. Grandvaux, il y en a une qui répond à votre désir : soignez bien votre action de grâces. Vous puiserez dans ces instants de cœur à cœur avec Notre-Seigneur tout ce dont vous aurez besoin pour passer une journée féconde en fruits de salut. » Cette parole fut recueillie avec zèle par l'abbé Reverony ; elle devint la règle de sa vie, et lui-même inculquait avec soin à ceux qu'il dirigeait la même pratique. On peut affirmer que ce fut là une des causes qui assurèrent les résultats de son ministère.

Bien douce fut l'émotion du jeune prêtre, quand, de retour au milieu des siens et assisté du vénéré M. Mabire, il gravit, pour célébrer solennellement le Saint-Sacrifice, les degrés du sanctuaire où, petit enfant, il était venu recevoir son Dieu pour la première fois. Il était au comble de ses désirs qui ne s'étaient jamais démentis depuis sa première communion.

Bientôt après, il lui fallut commencer à mettre en œuvre la céleste activité dont le sacerdoce avait rempli son âme. Mgr l'évêque de Bayeux venait de confier à l'abbé Reverony les fonctions de vicaire dans la paroisse de Saint-Michel de Vaucelles, à Caen.

CHAPITRE V

Le Vicariat de Vaucelles.

La paroisse dans laquelle l'abbé Reverony allait exercer
le saint ministère est une des plus populeuses de la ville de
Caen. La foi y était alors et y est demeurée jusqu'à présent
très vive, l'élan très grand pour les choses religieuses : il
semble que la Providence ait voulu compenser par là ce qui
manque à cette paroisse du côté des avantages matériels.
Car les pauvres y sont nombreux, et la pauvreté y est souvent
accompagnée de son ordinaire cortège de souffrances multiples : « Visite dans la paroisse avec M. le Curé, écrira
l'abbé Reverony : *homo natus de muliere, brevi vivens
tempore, repletur multis miseriis* (1). Oh ! que c'est vrai ! »

Cette paroisse était gouvernée par un prêtre d'un grand
mérite, d'une rare discrétion, d'une prudence consommée,
d'une bonté exquise, M. l'abbé Bréard.

Paroisse et curé convenaient admirablement au nouveau
vicaire : celle-là par l'abnégation qu'elle réclamait, celui-ci
par le tact avec lequel il saurait comprendre quel précieux
auxiliaire la Providence lui adressait.

La vie de l'abbé Reverony dans son vicariat fut extrêmement édifiante, mais elle ne doit pas être considérée seulement par le dehors qui n'était que le reflet de son âme.

(1) L'homme, né de la femme, vivant peu de temps, est rempli d'une foule
de misères.

Son recueillement était profond. Tout lui était occasion d'élever son esprit et son cœur vers Dieu. La pensée de la mort avait pour lui un attrait marqué. Dans un fragment de journal (qui malheureusement embrasse une période trop restreinte) on l'en voit sans cesse occupé.

La mort édifiante d'une pauvre femme lui fait écrire : « Oh ! la bonne mort !... Mon Dieu, faites que ce soit la mienne et celle de tous vos enfants. »

L'assistance à un sermon du P. Félix sur la puissance de la presse l'attarde un peu au moment de partir en voyage. « Avec tout cela, j'ai failli manquer la diligence. Il m'a fallu courir un quart de lieue. Cela m'a réchauffé pour tout le voyage (20 novembre). Une fois casé à ma place, je me disais : un jour, il faudra partir pour le grand voyage de l'éternité, si je n'étais pas prêt !... pas moyen de courir... pas moyen de prendre une autre voie. *Estote parati* (1) ! »

Citer ces lignes, c'est dire qu'il était homme d'oraison. Sous ce rapport comme sous tous les autres, le prêtre continuait le séminariste. Même dans la maladie, il n'abandonnait pas ce saint exercice. Afin de le mieux sauvegarder, il le faisait habituellement à sa chambre, avant d'entrer à l'église. Il voulait par là se mettre en mesure de réaliser ce qu'il avait écrit dans son règlement de vie : « Je veux, avec le secours de Dieu, que toute ma vie soit une préparation au saint sacrifice de la messe. » Tel était tout le secret de sa piété, secret si efficace que son attitude dans la célébration des saints mystères frappait tous les regards. On venait le voir dire la messe, tant cette vue allait au cœur.

Or, la messe était pour lui la source de l'esprit de sacrifice. « Jésus est dans un état continuel de victime : et moi aussi je dois participer à cet état continuel de victime. *Imitamini*

1) Soyez prêts.

quod tractatis (1). » Ce n'étaient point là de vaines paroles, car l'amour du sacrifice était dans son cœur comme dans sa conduite.

Il prêchait à Vendeuvre pour la première fois. Tout l'invitait à prolonger son séjour dans sa famille : « Je suis revenu de bonne heure. C'était un sacrifice. Le bon Dieu l'a bien récompensé au confessionnal. Oh ! que le bon Dieu est bon ! »

Au sortir d'une longue maladie, il écrivait à l'un de ses amis : « Je vous avouerai que, dans mes souffrances, j'ai été bien consolé par la pensée que Notre-Seigneur rendait d'une certaine manière ma situation semblable à celle de l'Église. Affligé de la persécution qu'elle subit, j'étais heureux de souffrir avec elle et pour elle. »

Il recevait, un jour, une lettre de Just de Bretenières, son ami, lui annonçant triomphalement qu'ayant dépassé les limites à lui fixées par les autorités païennes, il avait été conduit devant le mandarin et condamné à recevoir douze coups de rotin. « C'est le baptême du feu, ajoutait le missionnaire, je vous l'écris pour exciter votre jalousie : et puis, vous savez, un acte d'amour de Dieu entre chaque coup, et l'on ne sent rien. » — « On ne sent rien, disait l'abbé Reverony, mais si, l'on doit sentir une impression délicieuse : souffrir pour l'amour du bon Dieu. »

Aussi, aucune souffrance ni même le péril de sa vie ne pouvaient le faire reculer quand il s'agissait de faire du bien. Invité à prêcher dans une église de Trouville, au moment de monter en chaire, il se sentit souffrant. Il était glacé, et, afin de dominer un malaise croissant, il fut obligé, pendant toute la durée du sermon, de faire appel à toute son énergie. Le sermon achevé, il repartit aussitôt dans la crainte de tomber

____

(1) Imitez celui que vous portez dans vos mains sacerdotales.

malade chez le curé qui l'avait invité. Arrivé à Caen, l'abbé Reverony va chez ses parents : comme le mal augmente, il ne peut rentrer à Vaucelles. Le soir, il est en proie à la fièvre et au délire, et c'est seulement au matin qu'il retrouve avec un peu de calme la lucidité de ses pensées. Dans la matinée, on annonce qu'un homme âgé, qui habite l'extrémité de la ville, est mourant et qu'il ne veut se confesser qu'à M. Reverony. Alors se passe une scène où l'esprit de sacrifice de la mère est à la hauteur de celui du fils. Mme Reverony entre dans la chambre du malade : « Comment te trouves-tu ? — Brisé de partout. — Ta tête ? — J'en souffre, mais cependant je me crois capable de faire mon oraison. » Alors elle le met au courant de la situation et ajoute : « Quel est ton avis ? — Je n'ai pas à hésiter : je puis me tenir sur mes jambes, je dois y aller. — C'est mon avis aussi. » Et tout aussitôt la généreuse mère fait chercher une voiture, aide son fils à s'habiller, appelle pour qu'on le soutienne en descendant l'escalier, et, tandis que la voiture s'éloigne, elle se met en prières.

Cependant l'abbé Reverony monte avec peine près du malade : des vertiges continuels troublent sa vue ; mais son âme sait commander à la faiblesse de son corps. Il demande aux assistants de s'éloigner.

Quand ils rentrèrent, le moribond, dont les ombres de la mort voilaient déjà le visage, répétait joyeux : « Je vais au ciel ! Je vais au ciel ! » Mais l'abbé Reverony chancelant dut être reporté dans sa voiture ; une longue et douloureuse maladie, celle-là même dont nous l'avons entendu parler, commençait pour lui : il avait su se sacrifier.

Ces actes extraordinaires dans une autre vie ne l'étaient pas dans la sienne qui était toute d'abnégation. L'une des formes de cette abnégation était l'amour de la pauvreté. « En toute occasion je traiterai mon corps pauvrement ; particu-

lièrement dans mes habits : propreté, décence, mais pauvreté,
étoffes simples, sinon communes.

« Item pour mon ameublement, faisant en sorte que chez
moi rien ne puisse faire de peine ni aux pauvres, ni aux
riches : ce qui suppose et exige pauvreté et propreté. Je me
conformerai, d'ailleurs, au règlement de l'association de
Saint-Sulpice. »

Cette association de Saint-Sulpice était née d'une pensée
de ferveur et de renoncement. Ses statuts prescrivaient à ses
membres un grand amour de la vie intérieure, mais la note
caractéristique avait trait à la vie extérieure. Les principales
dispositions regardaient la pauvreté de l'ameublement, et,
comme les cadeaux offerts aux ecclésiastiques sont souvent
la porte par laquelle le luxe s'introduit chez eux, il y avait
un article imposant la plus grande retenue pour accepter un
présent, et le plus grand empressement pour s'en défaire (1).

Un tel règlement répondait trop aux aspirations de l'abbé
Reverony pour qu'il ne s'empressât point de donner son nom
à cette association qui jouissait d'ailleurs du haut patronage
de M. le Supérieur de Saint-Sulpice et de M. Grandvaux, et
qui était, au dehors, très appuyée par Mgr de Ségur. Elle
avait ses réunions périodiques, et l'une d'elles, à laquelle
assistait M. Reverony, devait présenter un incident assez
caractéristique : « Elle se tint chez Mgr de Ségur. Monseigneur, ayant tout donné, n'avait plus (il l'a avoué simplement)
de quoi suffire aux frais d'un repas commun. Il ne nous reçut
donc que lorsque nous eûmes presque tous repris des forces
chez M. de C***, refuge de tous les affamés. »

(1) Cette association a été assez connue dans le clergé parisien, et, dans le
clergé de province, parmi les anciens élèves de Saint-Sulpice, sous le nom de
Chêne blanc, nom qu'elle s'était donné à cause d'une disposition de ses statuts : Les membres ne devaient avoir de meubles ni en acajou, ni en palis-
sandre, ni en vieux chêne, ni en aucun bois luxueux, mais en bois blanc
dont le chêne blanc constituait la limite extrême de luxe.

Ami de la pauvreté, l'abbé Reverony l'était dès son vicariat. Il l'était autant et peut-être plus encore des pauvres eux-mêmes. Les prévisions de son règlement sont à leur égard on ne peut plus touchantes. « Je leur ai, dit-il, consacré mon ministère d'une manière spéciale — tendre charité, sollicitude vigilante pour les malades, surtout pour les pauvres. Visites fréquentes, consolations. Inspirer confiance et patience. Leur faire tirer bon parti de leurs maladies. Être à leur disposition jour et nuit. Leur procurer par moi ou par des personnes pieuses ce dont ils peuvent avoir besoin. » — « Dans les enterrements et les services des pauvres, je ferai en sorte que de ma part et de celle de ceux sur lesquels j'aurai autorité, les cérémonies se fassent, l'office soit chanté, les prières récitées avec une gravité et une piété aussi éloignées de la lenteur que de la précipitation. J'aimerai à célébrer la sainte messe pour les personnes qui ne peuvent donner d'honoraires. »

Mais si admirables et si délicates que fussent ces prévisions, l'abbé Reverony les dépassait encore dans la pratique.

Une des choses qui réjouit le plus son cœur fut d'être nommé aumônier de la communauté des Petites Sœurs des Pauvres. Il s'y était autrefois exercé à une charité peu commune. Il se dépensa avec bonheur au service spirituel des vieillards, leur faisant de bonnes visites, travaillant à réveiller et à compléter leur instruction religieuse, les traitant en un mot comme des personnes tout à fait chères et respectées.

Les pauvres de la paroisse partageaient cette prédilection du zèle du vicaire.

L'épidémie de choléra qui sévit à Caen et particulièrement sur le quartier de Vaucelles lui fournit une occasion de dévouement à toute épreuve. On ne connaîtra jamais que la plus petite partie des actes de son inépuisable charité.

Extérieur de l'église Saint-Michel de Vaucelles, Caen.

Dire qu'il se multipliait, qu'aux secours de son ministère il joignait pour les pauvres tous les soins les plus assidus, surmontant toutes les répugnances, se faisant tout à tous, préparant la soupe des enfants dont la mère ressentait les atteintes du terrible fléau, attisant le feu des malades, les levant sur ses bras et les plaçant sur quelque chaise accommodée par ses soins pour lui donner le temps de remuer leur paillasse et de rendre leur lit moins dur et moins fatigant, ce serait dire simplement ce qu'était pendant cette rude épreuve le labeur de chacune de ses journées.

Il y avait des faits extraordinaires, difficiles à saisir pour le public, car le pieux vicaire se cachait avec le plus grand soin. Mais quelques-uns par leur nature même devaient être divulgués ; d'autres ont été connus malgré sa volonté, et, on peut le dire, à son vif regret. J'en cite quelques-uns.

Un jour, il trouve un malheureux couché sur la paille et souffrant atrocement. A une heure avancée de la soirée, on eût pu voir sortir du presbytère de Vaucelles un prêtre chargé d'un matelas et se dirigeant vers la demeure du malade : ce prêtre était l'abbé Reverony. Était-ce de son propre matelas qu'il se dépouillait ? Qui oserait le nier ? Toujours est-il que le lendemain il était dans un visible embarras devant une personne qui demandait comment ce matelas avait été porté dans la mansarde — eh ! non « ce matelas était venu jusqu'à la mansarde ».

Une autre fois, c'est une pauvre vieille qui grelotte sur un misérable grabat : il lui faudrait un tricot. Mais l'abbé Reverony n'a plus rien dans son armoire. Il sort un instant, se déshabille entre deux portes, remet sa soutane et rentre, offrant un tricot à la malade.

On lui demande d'aller près d'une autre vieille femme mourante qui habite une cabane située sur la route d'Allemagne. Cette femme a un fils, et ce qu'elle regrette le plus au monde, c'est de le laisser sur la terre, « car, dit-elle à l'abbé, il est « si innocent » qu'il ne saurait se soigner tout seul et pourvoir à ses besoins ». L'abbé lui offre de placer le pauvre enfant dans une maison charitable. « Oh ! non, je vous en prie, dit la mère ; mon pauvre enfant a besoin de liberté : par moment il faut qu'il coure ; alors il part à travers champs, il saute les fossés et il rentre ici exténué de fatigue : ce sont des crises, et s'il ne pouvait courir ainsi il en mourrait. » L'abbé Reverony comprit, la mère voulait que son fils demeurât dans sa cabane et que quelqu'un veillât sur lui. Il prit cette charge et, même après qu'il fut devenu curé de Saint-Pierre, on le voyait, au moins une fois par semaine, se diriger vers la masure. Là s'asseyant près du pauvre innocent, il lui passait le bras autour du cou ; et il avait la joie de trouver le chemin de cette intelligence si pauvre. Jamais il ne se retirait qu'après s'être assuré que son protégé ne manquerait de rien jusqu'à la prochaine visite. L'abbé Reverony accomplissait ces actions d'une héroïque charité avec la plus grande simplicité. Les commenter serait inutile, le lecteur sait à quelle source s'alimentait son dévouement.

Faut-il ajouter que le saint prêtre, non content de se dépouiller au profit des pauvres, se laissait encore dépouiller sans se plaindre ?

Un soir, il revenait par une rue mal éclairée. Un individu se précipite sur lui et lui enlève sa montre. L'abbé Reverony, aussi peu ému que si rien d'extraordinaire ne lui fût arrivé, rentra gaiement au presbytère et ne conta rien de son aventure. Mais, quelques jours après, un horloger du quartier le faisait prier de passer à son magasin. C'était à cet homme que le voleur, sachant mal son métier, s'était adressé pour vendre la montre, et l'horloger l'avait reconnue, l'ayant réparée tout récemment. « Monsieur l'abbé, ne vous a-t-on pas volé votre montre ? — Qui vous a dit cela ? — Je crois que je tiens le voleur : c'est bien là votre montre ? — Oui, mon ami, mais si je l'ai donnée ? » — Et comme l'horloger restait confondu. « Ne le dites pas, ajouta en se retirant l'abbé Reverony, vous me feriez gronder. »

Le saint prêtre était parfois, en effet, exposé à de doux et tendres reproches : ils lui venaient de sa bonne mère, d'ailleurs associée à ses charités. Que de fois à Vaucelles comme plus tard à Saint-Pierre elle se plaignait affectueusement des vides opérés dans l'armoire de l'abbé avec une rapidité un peu trop grande à son gré, et surtout des emprunts faits trop fréquemment au mobilier personnel du vicaire ! Elle se plaignait, mais elle remplaçait toujours et son bonheur était grand d'avoir un tel fils.

On se figure aisément quelle puissance l'abbé Reverony acquérait sur les âmes par cette générosité presque prodigue. Je ne crois pas que l'on puisse nommer un malade qui ne se soit pas rendu à sa bienfaisante influence.

L'irrésistible entraînement qu'il exerçait était si bien connu, que ceux qui veillaient près des malades étaient portés à imaginer d'innocentes et pieuses fraudes. Empruntons à son fragment de journal un fait de ce genre.

« Il y a quelques jours, Mlle B. vint me trouver : « Mon « père, une bonne œuvre à faire. — Laquelle, mon en- « fant ? — C'est un vieux pécheur qui vous demande et « vous attend à l'Hôtel-Dieu ; il y a bien des années qu'il n'a « été à confesse ; jusqu'à présent il avait refusé avec obsti- « nation et menaces de se confesser, aujourd'hui il vous « demande, il ne veut que vous. — J'y cours, mon enfant. » Au bout de quelques minutes, je n'étais pas encore parti, je vois revenir la pauvre fille, l'air un peu embarrassé. « Qu'y a-t-il ? — Mon père, il faut bien que je vous dise... « si par hasard le bonhomme vous remerciait,... il faudrait

« accepter ses remerciements, sans cela vous gâteriez la
« besogne. » Je soupçonnai un mystère ; je demandai l'explication : je n'avais jamais vu ce pauvre bonhomme, de quoi
pouvait-il me remercier ? — « Mon bon père, ne me gron-
« dez pas : je n'ai pas menti. Voici ce que j'ai fait. Depuis
« plusieurs semaines, je visite ce pauvre bonhomme. Ne
« sachant comment m'y prendre pour le préparer à mourir,
« je lui ai porté chaque jour quelques petites douceurs, lui
« laissant croire que c'était vous qui les lui envoyiez... Oh ! le
« bon Monsieur, disait-il de temps en temps. Enfin j'ai pro-
« posé votre visite : elle a été acceptée. Je vous fais désirer
« depuis quelques jours, pour que vous soyez mieux reçu.
« Allez bien vite, je crois que vous allez réussir. » — Pauvre
enfant ! c'est elle qui avait réussi. — Le pauvre bonhomme
me remercia les larmes dans les yeux. Je fus fidèle à la
consigne ; avant sa mort je lui raconterai ce qui en est. »

Or les mourants n'étaient pas seuls à se laisser subjuguer
par la charité de l'abbé Reverony. Un de ses anciens condisciples de Saint-Sulpice, exerçant le ministère dans la
ville de Troyes, et un autre prêtre vivant à Paris, tous deux
s'occupant beaucoup d'œuvres de jeunesse, lui avaient recom-
mandé plusieurs de leurs jeunes gens venus à Caen pour y
accomplir leur service militaire. L'abbé Reverony avait saisi
avec empressement cette occasion de se rapprocher des
soldats. Il leur fit bon accueil et répondit aux désirs de ses
deux confrères en même temps qu'il satisfaisait les secrets
souhaits de son propre cœur. Mais il y avait parmi ces jeunes
gens un petit groupe choisi : c'était l'association du Sacré-
Cœur, sorte de petite congrégation formée également à Paris
et à Troyes, noyau d'élite dans l'ensemble de l'œuvre.
Cette association avait ses règles très édifiantes. Avec quel
bonheur l'abbé Reverony ouvrait chaque jeudi à heure fixe
la porte de sa chambre aux quatre ou cinq soldats qui en

faisaient partie ! Les premiers compliments échangés, tous se mettaient à genoux : on disait le *Veni, sancte Spiritus*, puis le *Miserere*, et l'un et l'autre se prosternant faisait sa coulpe de la semaine, comme un religieux, et acceptait humblement la pénitence qui lui était imposée. J'imagine que de tels soldats devaient être à leur tour des modèles de vertu et de vrais apôtres.

On voit par là que si la visite des pauvres malades occupait une large place dans la vie du saint prêtre, il n'abandonnait pas les autres œuvres du ministère. Dès les premiers temps de son séjour à Vaucelles, une foule d'âmes étaient venues se mettre sous sa direction et les soins qu'il leur donnait absorbaient de longues heures. De plus, dès qu'on eut entendu dans la chaire sa parole si pénétrante, on voulut s'en assurer le bénéfice et il dut entreprendre des prédications multiples. Sa santé fut ébranlée par tant de travaux. L'avis de tous fut qu'un voyage assez prolongé pour lui assurer un repos réel serait le meilleur remède à employer : l'abbé Reverony décida de se rendre à Rome. Il partit vers la fin du mois de novembre 1869.

CHAPITRE VI

Séjour à Rome. — Retraite à Saint-Eusèbe.

L'heure était solennelle : l'ouverture du Concile était proche. Dès Marseille, où il s'embarqua pour Civita-Vecchia, l'abbé Reverony trouva plusieurs évêques qui, comme lui, prirent passage sur le *Pausilippe* afin d'aller au Concile. Il était dans un ravissement inexprimable : être à Rome dans les circonstances si graves qui se préparaient, quel bonheur ! Et pourtant, arrivé au but de son voyage, la pensée d'être si éloigné de ceux qu'il aimait le domina : malgré la présence de prêtres amis parmi lesquels était M. Mabire, il éprouva un indicible serrement de cœur, et tout seul il s'en alla dans une église verser des larmes et offrir à Dieu son isolement des siens.

Il serait intéressant de connaître les appréciations de l'abbé Reverony touchant les événements dont il fut témoin. Mais avec une réserve que l'on peut dire calculée, il n'en a rien laissé percer dans sa correspondance, cependant assez active. C'est d'autant plus à regretter qu'il eut des occasions nombreuses et tout à fait exceptionnelles de connaître à fond les hommes et les choses. Malgré ces lacunes laissées par son silence discret, il est intéressant de le suivre dans son séjour à Rome.

Il était en relations suivies avec l'ambassadeur de France, M. de Banneville, et avec sa famille, et il rencontrait à l'ambassade nombre de prélats. M. Rohault de Fleury lui mar-

quait son amitié très grande et le faisait asseoir à sa table
avec des évêques et des archevêques. Son propre évêque,
Mgr Hugonin, lui témoignait une exquise bienveillance et lui
confiait même quelques travaux. Mgr Verrolles, évêque de
Mandchourie, l'appela à partager l'hospitalité qu'il recevait
dans la villa Massino dont le toit abritait plusieurs autres
prélats; bientôt même l'abbé Reverony devint le secrétaire
de l'évêque missionnaire. C'était plus de moyens qu'il ne fallait pour être à même de pénétrer dans le détail de beaucoup
d'affaires importantes et de juger sûrement tant d'agitations
soulevées alors. Nul doute qu'avec son coup d'œil si fin et
son esprit délié l'abbé Reverony ne les ait mis à profit. Mais
pour ce qui était de traduire ses impressions sur ce sujet, il se
fit une règle de la discrétion la plus entière. Ne cherchons
donc pas à deviner une pensée qu'il n'a pas voulu manifester.

Son amour du Pape s'accroît et éclate en transports
fréquents. La première audience pontificale à laquelle il
participa était accordée aux prêtres français. Il en a fait dans
une lettre à ses parents, et, avec plus de détails, dans une
correspondance destinée à une feuille publique, un récit
émouvant. Il est difficile de résister au plaisir d'en détacher un passage de l'allocution adressée par Pie IX à tous
ces prêtres. L'abbé Reverony, avec son esprit si droit, sa
nature si calme, son jugement si pondéré, dut singulièrement goûter la fine bonhomie dont ces paroles étaient em-
preintes, et il est probable qu'elles ne furent pas sans
influence sur le reste de sa vie. Après avoir exhorté les
prêtres à prêcher *opere et sermone*, Pie IX ajoutait : « Mais
le monde est si mauvais!... Il est si difficile de le ramener
à Dieu!... Oui, on s'en plaint souvent. Mais, mes chers
enfants, ne soyez pas de ceux qui s'en plaignent avec découragement et sans espérance. Ne soyez pas surtout du nombre

de ces esprits chagrins et critiques qui, non contents de se plaindre des désordres du monde, en rejettent la faute sur ceux qui dirigent et gouvernent.

« Vous avez à faire quelque chose de mieux. Je vais vous citer un trait d'un saint, pas d'un saint français, mais vous y trouverez quand même une bonne et utile leçon. C'était un saint espagnol, saint Pierre d'Alcantara. Un marquis de sa connaissance, qui avait en lui une très grande confiance, venait souvent le trouver dans sa cellule, se plaignant sans cesse que le monde allait mal. C'était, avec ses plaintes continuelles, comme un Jérémie. Le serviteur de Dieu l'écoutait, mais un jour, fatigué de l'entendre toujours se plaindre : « Monsieur le Marquis, lui dit-il, j'ai trouvé un moyen de « corriger tout le monde, et je vais vous le dire. — Voyons, « dit le marquis consolé ! — J'ai bien prié le bon Dieu, et « aux pieds de mon crucifix, je lui ai dit : Mon Dieu, vous « savez que je veux vous aimer et que je désire qu'en tout « votre volonté sainte s'accomplisse. Du mieux que j'ai pu, « j'ai organisé le noviciat dont j'étais chargé ; du mieux que « j'ai pu, j'ai conseillé et encouragé les prêtres dont la con- « duite m'était confiée ; en un mot, j'ai organisé pour vous « le monde autant que cela dépendait de moi ; car, encore « une fois, ô mon Dieu, en tout et avant tout je veux que « votre sainte volonté s'accomplisse. Maintenant, Monsieur « le Marquis, faites de même. Ne vous plaignez pas tant. « Travaillez à vous réformer vous-même, à rendre meilleurs « autant que vous le pourrez et M{{me}} la Marquise et vos en- « fants, et vos serviteurs, et les gens de la campagne qui « dépendent de vous, en un mot tous ceux sur lesquels vous « avez autorité, faites-en de bons chrétiens et, pour votre « part, vous aurez remédié aux misères du monde. »

« Mes chers fils, mes chers enfants, voilà ce qu'il faut faire : travailler à se réformer soi-même, puis à réformer et à rendre meilleurs tous ceux qui dépendent de nous, en faire des chrétiens, de vrais chrétiens qui ne soient pas seulement des chrétiens croyants, mais des chrétiens pratiquants. Et, pour votre part, vous aurez réformé le monde. Que tous fassent ainsi, et tout ira bien. »

« Tandis que le Pape parlait ainsi, il y avait dans sa voix émue un accent si sympathique et, dans ses deux bras étendus sur nous, tant d'autorité et d'affection qu'on se sentait remué jusqu'au fond des entrailles. »

Et après une audience particulière où Monseigneur l'Évêque de Bayeux l'avait présenté au Souverain Pontife, l'abbé Reverony écrivait encore : « Le cœur me battait, mais de joie ; j'ai éprouvé ce que j'avais ressenti lors de ma première audience, c'est qu'aux pieds de Pie IX on est infiniment plus heureux que troublé : on s'y sent même à l'aise. Il a eu la bonté de me demander combien il y a de fidèles à Vaucelles. Et après ma réponse : « Eh bien ! mon enfant, il faut que « curé, prêtres, fidèles, vous alliez tous au ciel ! — Avec « votre bénédiction particulière, et par la grâce de Dieu, très « Saint Père. — Je vous la donne de tout mon cœur. » Je la lui ai encore demandée pour vous et pour toute notre famille. »

Après le Pape, Rome le captivait. Il en étudiait les coutumes, les cérémonies, les monuments, non pas seulement avec l'avidité d'un curieux, mais avec le zèle d'un prêtre qui veut mieux connaître la vie et l'histoire de sa Mère la sainte Église. Aussi, prit-il soin de lire les meilleurs travaux sur ce sujet, et devint-il l'auditeur assidu des cours que faisait deux fois par semaine sur les catacombes le savant Père Jésuite Tongiorgi.

On s'étonnerait que, durant son séjour à Rome, l'abbé Reverony eût négligé les ressources qu'il y pouvait trouver pour son avancement dans la piété. Au mois de février, il était à Saint-Eusèbe dans la retraite, s'interrogeant lui-même sur sa correspondance à l'appel de Dieu, et méditant avec un soin énergique et tout à fait pratique ces deux paroles de l'Évangile : *Venite post me et faciam vos fieri piscatores hominum. — Si quis vult venire post me, abneget semet-ipsum et tollat crucem suam quotidie et sequatur me* (1). Les notes de cette retraite sont attendrissantes ; nous les citerons en partie, cela nous permettra de pénétrer dans l'intime de cette âme si pleine de délicatesse dans son amour pour Dieu et la Vierge immaculée.

A. M. D. G.

Rome, Saint-Eusèbe, 11 février 1870.

RÉSOLUTIONS DE RETRAITE

« *Venite post me, et faciam vos fieri piscatores hominum* (2).

« C'est vous qui le dites, ô Jésus... et c'est à moi que vous le dites. A un chérubin, à un saint... ce serait déjà un gage d'amour infini !... Mais à moi... misérable pécheur... à moi et aujourd'hui... qu'après avoir entendu... compris... goûté par votre grâce la grandeur et la douceur de cet appel... j'aie oublié tout cela pour passer sous un autre étendard... travailler, sinon combattre sous un autre maître... O mon Dieu, si vous me traitiez comme je le mérite !... Mais non, votre miséricorde est infinie ! Je ne la comprends pas, mais je

---

(1) Suivez-moi, et je vous ferai pêcheurs d'hommes... Si quelqu'un veut venir après moi, qu'il se renonce lui-même, qu'il porte sa croix et qu'il me suive.

(2) Suivez-moi, et je vous ferai pêcheurs d'hommes.

l'adore, je l'aime, je l'accepte avec confiance, avec amour, avec joie ! A chaque instant de ma vie je veux y répondre. *Exi a me quia homo peccator sum... Domine, non sum dignus...* (1). Pourtant puisque vous le voulez : *Ecce ego quia vocasti me... Quis me separabit a caritate Christi ?*

« Marcher à votre suite, travailler désormais sans réserve et sans relâche au salut des âmes : voilà le fruit de cette retraite et mon action de grâces pour tous les bienfaits que j'ai reçus de vous, mais surtout pour ces jours de conversion et de salut.

« Ne rien négliger, ne rien ménager... tout entreprendre et tout sacrifier !

« Faites-moi la grâce, ô mon Dieu, de ne jamais oublier les conditions que vous imposez à ceux qui veulent vous suivre :

« *Si quis vult venire post me, abneget semetipsum, tollat crucem suam quotidie et sequatur me* (Luc, IX, 23) (2). Je veux avec le secours de votre grâce préciser dès maintenant en quoi je devrai surtout m'appliquer à les pratiquer.

« I. *Abneget semetipsum* : C'est d'abord un renoncement complet, c'est-à-dire universel et continuel à tout ce qui n'est pas Vous, ô mon Dieu, ou capable de me conduire à Vous ; mais c'est surtout le renoncement à moi-même, *semetipsum*, à mes goûts, à mes aises, à mon égoïsme, à ma jalousie, surtout à ma volonté et à mon amour-propre... Pauvre orgueilleux ! Que j'en ai besoin de ce renoncement ! Je rapporte toujours tout à moi, tandis que je devrais toujours rapporter tout à Vous !

---

(1) Éloignez-vous de moi, car je ne suis qu'un pécheur... Seigneur, je ne suis pas digne.

(2) Si quelqu'un veut venir après moi, qu'il se renonce lui-même, qu'il porte sa croix tous les jours, et qu'il me suive.

« Donc la pratique d'une sincère et continuelle pureté d'intention !... Mon Dieu je vous aime... et je me méprise...

« II. *Tollat crucem suam quotidie* : Ce qui signifie deux choses :

« 1° L'acceptation quotidienne, courageuse, de toutes les circonstances involontaires crucifiantes qui se présenteront.

« Ainsi moi-même avec mes infirmités corporelles, spirituelles, mon esprit lourd,... tout... ma volonté faible, inconstante, ma nature molle, lâche, mes imperfections, mes rechutes. Combattre toutes ces misères sans trêve, mais savoir les supporter sans impatience et sans abattement !

« Avec mes bons confrères, être toujours aimable.

« Avec les domestiques, toujours content des services qu'ils voudront bien me rendre : ils m'en font bien plus que je ne mérite !

« Avec les pauvres, être toujours bon !

« Dans toutes les circonstances imprévues, dérangeantes, humeur toujours égale.

« Chaque matin, en prenant mon crucifix, faire un acte de résignation, d'acceptation, de désir complet et joyeux de toutes les croix de la journée ; et comme gage baiser avec amour le crucifix.

« 2° La pratique quotidienne de quelque mortification volontaire. Je les choisirai en rapport avec mon caractère, mes infidélités et les autres circonstances. Les conversations, les repas, les regards..... me fourniront une ample matière pour mortifier ma paresse, ma curiosité, surtout ma sensualité.

« Pour mettre de l'ordre dans ma vie : mieux employer mon temps, combattre la lenteur et l'indécision de mon caractère. Je veux m'appliquer à examiner consciencieusement, mais rapidement, et à expédier aussitôt que possible les affaires à mesure qu'elles se présenteront : ne jamais renvoyer au lendemain ce qui peut être fait le jour même.

« III. *Sequatur me :* Ce qui signifie deux choses encore : 2° La volonté sincère, effective d'imiter Notre-Seigneur : *Exemplum dedi vobis* (1). Donc grande dévotion au Sacré-Cœur, laquelle m'apprendra à connaître et à aimer ce divin cœur; motif le plus excellent, moyen le plus parfait de l'imiter. Donc aussi dévotion très particulière à saint François de Sales, parfait imitateur de ce Cœur, et qui m'en donnera la clef.

2° L'application sérieuse à progresser dans cette imitation. *Sequatur :* c'est un mouvement... *qui justus est justificetur* et cela de deux manières :

« Par la fidélité aux petites pratiques;

« Par le soin de punir toujours de quelque petite mortification toutes mes infidélités.

— « Voilà les conditions. La réalisation en constitue et en suppose la vie chrétienne et sacerdotale avec toutes leurs pratiques.

« Mais, pour ne pas affaiblir mes résolutions en les multipliant, je me borne aux points suivants, aussi nécessaires qu'efficaces pour sauvegarder tous les autres et assurer ma persévérance :

« Chaque jour aussitôt après mon lever, avant de sortir de ma chambre, faire au moins une demi-heure d'oraison. Il faut absolument que je trouve le temps de la faire : je trouve bien le temps de déjeuner ! Pour cela veiller sur l'heure du coucher d'où dépend celle du lever; préparer le sujet de la méditation par-dessus tout. Quand je ne l'aurai pas faite le matin, y satisfaire le plus tôt possible; et quand j'aurai laissé arriver le soir, en faire au moins un quart d'heure avant de me coucher.

(1) Je vous ai donné l'exemple.

« Chaque jour aussi, l'examen de conscience général et particulier. Pour ce dernier, avoir un sujet bien déterminé. Le matin avant l'oraison, examen de prévoyance; vers midi, revue de la matinée; le soir avant le coucher, examen de l'après-dîner. Tenir note écrite des résultats journaliers, hebdomadaires, mensuels de l'examen particulier. — Employer les sanctions pénales.

« Chaque semaine à un jour et à une heure fixes, autant que possible, la confession : 1° préparation consciencieuse, comme si c'était la dernière; 2° grande ouverture de cœur : parler toujours de l'oraison et de l'examen général et particulier; 3° acceptation joyeuse et généreuse des moyens de sanctification proposés pour la semaine.

« Chaque mois, le premier vendredi autant que possible, revue du mois et préparation à la mort. La veille, confession fervente avec reddition courte, mais exacte, du mois. — Le jour : 1° sujet de méditation spécial; 2° la sainte Messe célébrée comme pour la dernière fois et la sainte communion comme en viatique; 3° l'action de grâces employée à la préparation à la mort; 4° toute la journée dans le recueillement; 5° lecture attentive de ces résolutions.

« Toujours grande dévotion, amour respectueux et confiant pour mes saints Patrons, mon Ange gardien, et surtout pour la Très Sainte Vierge immaculée, Mère de Dieu.

« O sainte et immaculée Vierge Marie, ma tendre et miséricordieuse Mère, vous connaissez ma faiblesse, mes infidélités. Je n'ai pas coopéré aux grâces immenses dont votre Fils Jésus a inondé mon âme. *Dixi... nunc cœpi* (1). Ma bonne chère Mère, voyez ma bonne volonté : bonne, mais faible, inconstante. Prenez-la entre vos mains, offrez-la à votre divin Fils, afin qu'Il la fortifie, qu'Il la purifie,

____

(1) J'ai dit... maintenant je commence.

qu'Il la sanctifie, et qu'Il la rende telle que doit être la volonté d'un bon prêtre.

« O ma bonne Mère, obtenez-moi la grâce de me sanctifier moi-même pour sanctifier les âmes. Amen.

« Enfin, comme mémorial de cette retraite, comme moyen d'obtenir la grâce et la persévérance, par compassion pour les âmes du purgatoire, surtout de celles que j'ai scandalisées, de celles auxquelles personne ne pense, de celles qui sont le plus chères à Notre-Seigneur et à sa sainte Mère, afin surtout que, délivrées plus tôt, elles aillent au ciel procurer la gloire de Dieu, je me dépouille de tout ce qui dans les œuvres faites par moi ou offertes pour moi avant ou après ma mort peut leur être appliqué. Je le remets entre les mains de la Sainte Vierge pour qu'elle en fasse l'application qu'elle voudra et m'obtienne la grâce d'aimer de tout mon cœur et de faire beaucoup aimer le bon Dieu que j'ai tant offensé. »

Cependant les semaines succédaient aux semaines ; la santé de l'abbé Reverony se raffermissait, et souvent sa pensée se reportait vers les siens, vers la paroisse de Saint-Michel de Vaucelles et vers les confrères à qui son absence occasionnait un surcroît de besogne. Sans doute, il ne craignait aucun reproche, puisque en tout il agissait d'après l'avis de son évêque sous le regard duquel il vivait (1), et avec l'assentiment de son excellent curé qui lui écrivait les lettres les plus affectueuses et les plus expansives. D'un autre côté, Mgr Verrolles, fort satisfait de l'assistance que lui procurait son secrétaire, eût désiré le conserver près de lui.

____

(1) Mgr Hugonin veillait avec un soin paternel sur la santé de l'abbé Reverony. Toutes les fois que l'abbé voulait traiter la question de son retour à Caen, Sa Grandeur exigeait une visite au bon docteur de Saint-Macloud, et daignait ensuite conférer elle-même avec le médecin pour prendre la décision convenable.

Le moment de quitter Rome arriva néanmoins. Le **27** avril, l'abbé Reverony disait adieu à la Ville éternelle, et, après quelques jours employés à visiter le nord de l'Italie en pèlerin autant qu'en touriste, il rentrait en France et reprenait son poste à Saint-Michel de Vaucelles.

Il allait au bout de peu de mois le quitter encore une fois pour exercer son dévouement sous une forme nouvelle. La terrible guerre de 1870-71 allait attirer l'abbé Reverony au milieu des soldats sur les champs de bataille avec le titre d'aumônier militaire.

CHAPITRE VII

L'Aumônerie militaire.

Le 15 juillet 1870, la Chambre des députés, inconsciente de ce qu'elle faisait et poussée à son insu par les secrètes menées d'une puissance occulte dont l'action néfaste, pour notre patrie, n'est plus un mystère pour personne, votait une déclaration de guerre à la Prusse. On sait quelles craintes, hélas ! trop justifiées, tous les gens sérieux ressentaient en France sur l'issue de la campagne. L'abbé Reverony partageait ces craintes. Surtout, il en pénétrait le motif et il entrevoyait avec effroi la possibilité d'un châtiment terrible que la Providence infligerait à la France en proportion des fautes de ses gouvernements.

Aussi, sa première pensée fut-elle de travailler à désarmer le courroux de Dieu. Avant qui que ce fût, peut-être, il fit auprès de l'autorité diocésaine une démarche afin d'obtenir dans ce but des prières publiques. Et en attendant la décision, il composa et publia, avec l'autorisation secrète de l'autorité compétente, une petite feuille de prières pour les soldats de l'armée française et leurs familles. Cette petite feuille fut distribuée gratuitement à des milliers d'exemplaires. Elle contenait de courtes litanies fort simples et fort belles, et une paraphrase émouvante du *Souvenez-vous*. Le saint prêtre, toujours pratique, y avait ajouté quelques recommandations d'une simplicité saisissante. On y lisait entre autres

7

choses : « Surtout n'oublions pas que la pureté du cœur est une des conditions les plus propres à rendre nos prières efficaces. Si donc notre conscience n'est pas en bon état, hâtons-nous de faire une bonne confession et puis une fervente communion. Cela portera bonheur à nos frères de l'armée. »

Bientôt la prière ne suffit plus à l'abbé Reverony. Avide de dévouement, il écrit dès le 25 juillet à Monseigneur l'Évêque de Bayeux la noble lettre que voici :

« Monseigneur,

« Le cœur se serre à la pensée du sang qui va être répandu, et surtout du grand nombre d'âmes qui va paraître devant Dieu. Que les prêtres vont être utiles près de ces pauvres mourants ! seront-ils en nombre suffisant ?

« Un vif attrait me fait ambitionner le sort de ceux qui se dévouent à cette œuvre.

« Monseigneur, je me remets entre vos mains pour faire à cet égard ce que vous jugerez bon.

« Si ma demande ne vous paraît pas opportune, ne prenez pas la peine de me répondre. Si plus tard vous trouvez à propos d'y donner suite, veuillez parler encore. J'obéirai sur le champ. »

Monseigneur jugea bon de surseoir à une décision. Mais la charité pressait l'abbé Reverony. A la nouvelle du désastre de Sedan, il n'y tint plus et, le 4 septembre, il écrivait à Monseigneur une nouvelle lettre qui est tout entière à citer tant elle manifeste la beauté de son âme sacerdotale et française :

« Monseigneur,

« Daigne Votre Grandeur me pardonner mon importunité ! mais les circonstances rendent nos devoirs patriotiques si graves et si impérieux, que, sans attendre le résultat de l'offre généreuse que vous avez faite de votre clergé pour les ambulances, j'ose supplier Votre Grandeur de me permettre une démarche près du ministre de la Guerre. Dieu veuille qu'elle réussisse ! J'ai confiance.

« Près de nos chers blessés, tout en soignant le corps, je n'oublierai pas les âmes. Dès maintenant, l'effet produit à Caen et à Vaucelles serait bon, je crois, et plus tard, par la grâce de Dieu, il en résulterait pour mon ministère des chances précieuses d'efficacité.

« Tout ceci, Monseigneur, pour la plus grande gloire de Dieu, le bien des âmes, l'honneur du sacerdoce ; par conséquent, tout ceci entièrement soumis à votre volonté.

« Daignez donc approuver en marge, recommander même et expédier ma demande.

« Quand on m'appellera, vous daignerez ajouter une nouvelle bénédiction à celle que vous demande aujourd'hui pour ses parents de l'armée et pour lui-même celui qui voudrait être le plus dévoué et le plus obéissant de vos prêtres. »

La demande que Monseigneur était ainsi supplié de recommander avait des accents chevaleresques.

« Excellence,

« Plus que jamais tout le monde se doit à la patrie.

« Prêtre, je ne puis, comme mon oncle le général de Vendeuvre, ni comme mon frère, le lieutenant Reverony, la défendre par les armes. Mais je puis, sur le champ de bataille, relever les blessés, panser leurs blessures, adoucir leurs souffrances, ranimer leur courage !...

« Je me mets à votre disposition avec toutes mes forces et tout mon cœur. Je vous supplie de m'accepter comme infirmier pour une de vos ambulances. Assidu autrefois aux cours d'anatomie, chargé depuis, pendant deux ans, du service de l'infirmerie d'un établissement nombreux, je ne serai pas tout à fait novice.

« Je me rendrai à mes frais là où vous m'enverrez.

« Je ne demande que deux choses : la ration du soldat ; la première place au danger.

« Ne refusez pas ma demande et daignez croire aux sentiments de reconnaissance de votre serviteur. »

Comment résister à de telles instances ? Le 24 octobre, Monseigneur l'Évêque de Bayeux nommait l'abbé Reverony aumônier de l'ambulance de Caen (1re ambulance du Calvados). Le même jour, le nouvel aumônier avait sa feuille de route pour Laigle, et le 25 il était en route.

Le combat de Dreux ayant occasionné des mouvements de troupes fort imprévus, l'abbé Reverony dut passer une bonne partie de la nuit du 25 au 26 à la recherche de son ambulance, et il ne la rejoignit définitivement que le 26 au matin.

« Vous voilà lancé dans les fameux feux de file. Bravo. Evviva Caramba !... Ne parlons plus de missionnaires ; vous autres vous nous distancez de beaucoup !... » Tels étaient les termes dans lesquels Mgr Verrolles félicitait l'abbé Reverony.

Celui-ci, dès son arrivée à l'ambulance, commença avec ardeur sa mission de dévouement. Attaché spécialement au 4e bataillon des mobiles du Calvados, il était avec les hommes dans toutes les marches, causant, chantant avec eux, soutenant leur énergie et leur courage. Dans les engagements auxquels prit part le bataillon, toujours on le vit à la place qu'il avait réclamée. A la Fourche, à Fretteval, à Sillé-le-Guillaume, il se prodigua, offrant aux combattants, aux blessés et aux mourants les consolations de son ministère et les soins de sa charité.

A Fretteval, on allait faire l'assaut d'une petite ferme que l'on voulait arracher à l'ennemi. Un capitaine demande l'aumônier. L'abbé Reverony se présente et tous deux se retirent un instant à l'écart. Bientôt ils se serrent la main et le capitaine reprend son poste. A dix pas de là, un éclat d'obus enlève le capuchon de son manteau ; il se retourne vers l'abbé, et, tenant le bout du vêtement qui restait, il crie au prêtre : « Ça porte bonheur l'absolution, Monsieur l'abbé, merci ! »

L'ardeur guerrière qui bouillonnait en son oncle et en son frère était aussi en lui, quoique sous un autre aspect. « J'ai su que Mmes d'A*** étaient à Verneuil, j'aurais été heureux d'aller les voir ; mais on signalait les Prussiens dans le voisinage, un engagement paraissait imminent, et vous savez que les Reverony doivent toujours être à leur poste. Je restai donc au mien. »

Ce sentiment d'honneur familial n'étonne pas dans ce prêtre si humble : c'est de la grandeur d'âme et de la délicatesse de cœur, et c'est pourquoi l'on est heureux de voir, au milieu des tristesses de cette campagne, l'abbé Reverony puiser dans ce sentiment quelques bonnes joies. Un jour, un colonel de spahis, qui ne le connaissait pas, lui parle du général Margueritte. « Du général on est passé à son officier d'ordonnance, un certain petit Reverony, charmant et excellent officier, très apprécié et aimé de ses camarades et de ses chefs ; « officier d'avenir ; tel qu'il m'en « faudrait, ajoutait le colonel Goureeaux, pour conduire « mes reconnaissances : il a de l'audace, du sang-froid, tout « ce qu'il faut pour réussir. » Vous pensez, mes bons parents, si j'étais heureux et si je fus fier de dire au colonel que le petit Reverony est mon frère. Nous avons gémi sur sa captivité. »

Les deux frères pouvaient à bon droit être fiers l'un de l'autre, car si l'officier était un brave soldat, le prêtre était d'une abnégation sans limites.

Il avait pour les blessés et les malades la plus tendre sollicitude : il allait les visiter de ferme en ferme, parcourant parfois de grandes distances après les marches de la journée. Lors de la prise du Mans, l'ambulance se trouva momentanément séparée du bataillon. L'abbé Reverony n'était pas avec l'ambulance : « Le bataillon ayant reçu l'ordre de marcher pour escorter et soutenir une batterie, je partis avec lui. Ma place me semblait là : car il était plus que probable, Sillé-le-Guillaume le prouva bien, que nous rencontrerions l'ennemi. » Seul avec ses mobiles, réduit pour tout secours médical « au service très obligeant mais nécessairement très irrégulier et très insuffisant des chirurgiens d'un bataillon voisin », l'abbé Reverony se multiplia. Il pansait les plaies des blessés, distribuait aux nombreux malades atteints de « diarrhées, angine, laryngites, affections typhoïdes... sous-nitrate de bismuth, pilules d'opium, laudanum, sinapismes, emplâtres de thapsia, chlorate de potasse, quinine... et tous ces remèdes usuels que l'habitude des malades m'eût permis, dit-il, de leur prescrire sans imprudence, si la nécessité ne m'eût fait un devoir de les leur distribuer ».

Un soir, après un engagement, un petit Breton, un mobile, vient vers l'abbé Reverony. « Pardon, mon aumônier, dit-il, mais mon frère n'est pas revenu ; il est resté là-bas blessé et peut-être... enfin, je voudrais bien qu'il n'y passe point la nuit. — Bien, mon ami, je vais avec vous ; nous allons le chercher et nous le trouverons » Tous deux se mettent en route, le mobile tenant une lanterne. Chemin faisant, celui-ci raconte à l'aumônier comment son frère s'est engagé à dix-huit ans, et comment lui-même a été chargé par son père et sa mère de veiller sur le jeune volontaire ; il a combattu près de lui, tant qu'il a pu, mais à un moment, il s'est produit une poussée, il l'a perdu de vue et Jacques manque à l'appel. Il pleure le brave petit mobile qui n'a pas eu peur des balles, mais qui tremble à mesure qu'il avance sur le champ de bataille. La neige tombait à gros flocons et s'amassait en formes indécises sur les cadavres auxquels la lueur vacillante de la lanterne paraissait communiquer des mouvements étranges. Quelle marche ! quel spectacle ! C'est ici : — mais non, c'est plus loin — Et l'abbé Reverony soulevait l'un après l'autre tous ces corps dont plus d'un ne donnait plus signe de vie. La recherche avait duré plus de trois heures et l'aumônier n'avait pas songé à se plaindre. Enfin le mobile s'écrie : « Le voilà, c'est Jacques, mon petit frère !... » Et il le couvre de baisers et de larmes. Est-ce un cadavre ? De la main, l'abbé Reverony interroge le cœur : « Courage, dit-il, mon enfant, peut-être avec beaucoup de soins ranimerons-nous une étincelle de vie ! Attachez la lanterne à votre poitrine et portons ce brave enfant dans nos bras, tout doucement, tout doucement ! » Il fallut plus d'une heure pour revenir au bivouac. Là, comment réveiller la vie dans ce corps glacé ! L'aumônier ne songe pas au repos. Il s'empresse autour du mourant, sous l'influence d'une douce chaleur et des soins les plus délicats celui-ci ouvre les yeux. Le prêtre lui présente un crucifix. Le jeune soldat le baise en recevant une dernière absolution ; puis le pauvre petit Jacques presse la main de son frère, murmure quelques mots parmi lesquels on distingue : ma mère, le ciel, et il expire au milieu de ses camarades dans les bras de son frère et de l'abbé Reverony.

Quelque fatigant que fût pour lui l'accomplissement de ces actes de dévouement, l'aumônier du 4ᵉ bataillon ne le mettait pas en parallèle avec les moments qu'il dut donner à un ministère autrement pénible.

Un pauvre mobile, convaincu de menaces envers ses chefs et de provocation à l'indiscipline, fut condamné à mort par la cour martiale. Il était marié, père d'un enfant de douze ans. Ancien soldat ayant fait son congé en Afrique, il avait quarante-cinq ans et se trouvait sous les armes à titre de remplaçant. L'occasion de sa faute était en elle-même de peu d'importance : il s'agissait d'une poule prise à la maraude. L'abbé Reverony ne pouvait croire que la sentence serait exécutée. Bientôt ses craintes augmentèrent et il eut la douloureuse certitude qu'une grâce seule pouvait préserver le coupable du supplice. Il courut vers les officiers présents afin d'implorer cette grâce. De degré en degré il est renvoyé au colonel qui, lui dit-on, a seul le droit de grâce, et encore n'est-ce pas complètement hors de doute. Or, le colonel est parti pour une reconnaissance lointaine et secrète. Et cependant les heures s'écoulent, et un retard plus prolongé peut priver le malheureux condamné des secours suprêmes de la religion. L'abbé Reverony prend son parti : mieux vaut le gain certain de l'âme que le salut incertain du corps. Il revient au milieu de la nuit, et, s'enfermant avec l'infortuné, il passe près de lui les dernières heures qui précèdent l'exécution. Il l'embrasse, le console, lui parle de Dieu, du ciel, de sa famille. Il entend ensuite sa confession, l'absout, et, le moment redoutable arrivé, il monte avec lui dans la voiture qui le doit conduire à la mort. Le temps est froid et le pauvre soldat grelotte sous une pluie fine et pénétrante. Le charitable aumônier le couvre de son manteau, enveloppe ses pieds dans la paille de la charrette, lui réchauffe les mains dans les siennes, parle, prie, pleure avec lui. A un moment, le malheureux s'écrie : « Vous couperez de mes cheveux pour ma femme et vous direz à... à... c'est le nom de mon fils que je cherche. » Et l'infortuné, en proie à un trouble indicible, ne pouvait retrouver ce nom chéri. « Courage, lui dit le prêtre, ne cherchez pas, dites-moi ce qu'il faut dire à votre fils, je n'ai pas besoin de savoir son nom. — Vous lui direz que ma dernière volonté est qu'il soit bon chrétien pour que je l'attende au ciel... Mais c'est son nom que je voudrais savoir. Je ne veux pas mourir sans savoir le nom de mon enfant. — N'y pensez plus, priez, mon bon ami, ce nom vous reviendra. »

On était arrivé. Le soldat descendit de la charrette. Quelques cris de grâce sortirent de plusieurs rangs : ce fut en vain. On banda les yeux du condamné. Les fusils s'armaient déjà et l'abbé Reverony était toujours près de lui : « C'est Ernest, s'écria-t-il, ah ! je suis content d'avoir trouvé. — Mon ami, reprit le prêtre, une minute encore et vous serez au ciel : au revoir! » Dans cet instant, un mouvement brusque du commandant fit reculer l'aumônier ; une décharge retentit : tout était consommé. Les trois quarts des hommes pleuraient.

L'abbé Reverony écrivait le soir : « Je suis encore tout bouleversé de cette pénible mission... Je viens d'écrire au curé de la paroisse de sa vieille mère : il aura aussi une dure mission à remplir. »

Ces derniers mots nous font connaître un autre aspect du dévouement de l'aumônier pour ses chers mobiles : le soin qu'il prenait d'informer leurs familles de tout ce qui les concernait. Son carnet était couvert de notes, et au cours d'une halte, ou après les dures journées de marche ou de combat, il prenait sur son repos afin d'écrire charitablement de nombreuses lettres.

Sa compassion pour les fatigues et les privations des

pauvres mobiles était extrême. Il était peu de lettres à ses parents où il ne la manifestât. Ce fut sous l'inspiration de ces lettres que Mme Reverony, sans aucun préjudice pour l'œuvre générale organisée dans le diocèse afin de fournir de capotes les malheureux combattants, forma un atelier pour la confection de tricots et autres vêtements de laine qui étaient envoyés à l'aumônier et distribués par lui aux hommes du 4ᵉ bataillon. L'abbé Reverony remerciait après chaque envoi, mais il redisait toujours : « Travaillez ferme, car les besoins sont grands. » Dès qu'il avait en argent quelque ressource extraordinaire, il l'employait à l'achat de chaussures pour ses chers mobiles qui marchaient nu-pieds. Il était là comme une Providence. Et pourtant les épreuves ne lui manquaient pas.

Ne comptons pas plus que lui-même celles qui ne regardaient que le physique. Lassitude des membres, maladie même, il supportait tout avec une bonne humeur charmante, se consolant des difficultés par les « bons moments » dont il pouvait jouir. Citons quelques exemples de ces bons moments.

A Vendôme, c'est l'achat « d'une fameuse paire de souliers, ce qui est une vraie fortune ». A Saint-Calais, c'est « une immense couverture qui fait son bonheur ». Sa famille lui envoie une petite marmite de campagne d'invention récente. Il y fait cuire un beefsteak : « Délicieux, écrit-il, très commode. »

Au Mans, il loge chez Mme de M***, vieille amie de sa famille, qui lui prodigue mille soins. Cette dame le trouve fatigué et l'écrit à Caen. L'abbé Reverony rassure ses parents : « Mme de M*** me voit avec des yeux de grand'mère. »

A Mayenne, où il est envoyé pour recevoir des ballots de capotes, il est reçu chez les parents d'une dame de Caen.

réfugiée elle-même auprès d'eux, et il raconte avec complaisance le souper tranquille « dans une petite salle à manger, autour d'une table avec nappe, lampe... toutes choses inconnues depuis longtemps, et qui me rappelaient de doux souvenirs. A 9 heures, ajoute-t-il, la retraite ; un bon lit et dans ce lit, au moment de m'y mettre, j'ai senti une boule d'eau chaude. Vous voyez qu'il y a de bons moments. »

A Poitiers, il doit s'arrêter quelques jours chez sa tante, Mme la marquise de la Sayette, pour soigner une angine. Il convient de sa maladie dans une lettre à M. Melou, secrétaire du comité des ambulances. Mais il ne veut pas inquiéter ses parents : « Vous ne pouvez vous imaginer combien je suis gâté ici. A peine m'a-t-on vu un peu fatigué que, bon gré mal gré (mon oncle le voulait), il a fallu subir la visite du médecin. Pauvre bonhomme, il fallait bien qu'il me trouvât quelque chose ! Enfin en cherchant bien, il a fini par découvrir une amygdale un petit peu rouge. « Allons, allons, ce « ne sera rien ; du repos, un bon régime, de bons soins. » — Il était sauvé, mais moi je ne l'étais pas. Voilà tout le monde qui se met de la partie. L'un arrive avec un excellent potage, l'autre avec un édredon, un troisième avec un gargarisme. Marie avec de la limonade ; ma tante avec une boîte de pastilles ; Mariette avec un oreiller garni d'une dentelle de 15 centimètres ; mon oncle avec une bouteille de frontignan... Ils sont dans le cas de me rendre malade. Et vous pensez s'il faut que je les aime bien pour les recevoir à peu près convenablement. »

Si l'abbé Reverony faisait bon marché de tout ce qui concernait son corps, son âme était néanmoins profondément atteinte. Il avait fait le sacrifice de l'éloignement des siens, mais c'était pour lui une grande peine de savoir son frère Anatole prisonnier en Prusse. Son cœur souffrait plus encore peut-être des humiliations de la patrie. Elles le contristaient d'autant plus qu'il avait la conviction que l'union, la subordination et le dévouement de tous auraient été capables de dominer la situation. Il en parlait à cœur ouvert dans ses lettres intimes à ses parents en leur recommandant le secret; nous ne citerons donc que sa conclusion éminemment pratique. « Il y a de très nombreuses exceptions, mais en général les officiers ne s'occupent peut-être pas assez de leurs hommes. »

Il ne faut pas oublier qu'il s'agit ici d'officiers improvisés, de mobiles dont l'ignorance du métier militaire, très pardonnable du reste, était navrante. En voici un trait entre bien d'autres.

Un jour, M. Reverony rencontre un jeune lieutenant ayant en main un papier qu'il agite avec un air de grande colère. « Eh! où allez-vous donc, mon lieutenant, lui dit avec son calme et sa sérénité ordinaires le bon aumônier, vous n'avez pas l'air content? — Non, je ne le suis pas, je porte ce rapport à mon capitaine. » M. Reverony prend le papier, le parcourt et, tout en causant, le met en pièces. « Que faites-vous là, Monsieur l'Aumônier? — Ce que je fais, mon ami, je vous épargne le regret d'envoyer à la mort un pauvre garçon pour un manque d'égard dont certainement il n'a pas compris la portée. — Mais comment cela? repartit le pauvre lieutenant devenu blême à cette pensée. — C'est fort simple, il va être jugé par la cour martiale, sa sentence sera la peine de mort et votre homme sera fusillé dans les vingt-quatre heures. — Oh! merci, merci, Monsieur l'Aumônier, le souvenir de ce malheur eût empoisonné toute ma vie. »

Mais toujours la pensée de M. Reverony se tourne vers Dieu et les âmes. C'est le surnaturel qui surnage. La paix va être définitivement conclue, dit-on, oh! que c'est triste!

Quelle leçon pour la France, saura-t-elle en profiter? O mon Dieu, faites-lui en la grâce.

« Enfin, concluait-il, il ne faut pas se décourager. C'est bien le cas de dire. Il faut se mettre, chacun dans son rayon et avec ses aptitudes et toute son énergie, à ramener en France un esprit sérieux, une vie laborieuse et morale, la discipline et la science militaire, surtout l'amour pratique du devoir et de son pays. »

Si les appréciations qu'il confiait aux siens étaient d'une sévère justice, les avis qui les terminent sont ceux d'un prêtre au mâle caractère, au cœur noble, aux grandes aspirations. Ces avis ne devaient point franchir le cercle de la famille de M. Reverony. Mais si quelqu'un eût été autorisé à les faire entendre, nul mieux que l'aumônier du 4ᵉ bataillon ne pouvait le faire. J'en trouve une preuve très frappante dans les sentiments qu'avaient pour lui les officiers avec lesquels il avait vécu au cours de la campagne.

L'un d'eux, un lieutenant, M. M***, protestant, écrivait à l'aumônier du 4ᵉ bataillon : « Vous me permettrez de vous remercier de tout le courage et de la force d'âme que votre exemple m'a constamment inspirés ; j'en avais bien besoin, comme tous du reste nous en avions besoin, mais plus peut-être que bien d'autres, parce que j'avais, pendant toutes ces heures de tristesse, une fiancée qui attendait avec angoisse mon retour. »

Cette affirmation individuelle exprimait la pensée générale, le billet suivant le prouve clairement. Ce billet portait la date du 1ᵉʳ avril 1871, et il était signé par M. le marquis de Fournès qui avait commandé le bataillon après M. de Petitville : « Interprète des sentiments de tout le 4ᵉ bataillon du Calvados, maintenant, hélas ! licencié, je prie notre cher aumônier, notre cher commandant spirituel, de faire aux officiers de ce cher bataillon, particulièrement au commandant temporel, l'immense plaisir de se réunir à eux demain dimanche, à l'hôtel d'Angleterre, à sept heures du soir, pour un repas d'adieu, d'adieu provisoire bien entendu. »

Un peu plus tard, M. de Fournès recevait dans la croix d'honneur la juste récompense des qualités dont il avait fait preuve devant l'ennemi, car, au témoignage de l'abbé Reverony, c'était un officier « actif, vigilant, soigneux, le premier à la corvée et à la fatigue ». L'ancien aumônier, qui avait repris son ministère à Vaucelles, se fit un devoir de féliciter l'ancien commandant du 4ᵉ bataillon. La réponse de celui-ci fut un délicat et sincère éloge du saint prêtre : « Ce qui me fait autant de plaisir que cette croix, dont vous voulez bien me complimenter, c'est d'avoir revu votre écriture. Que de souvenirs ineffaçables pour moi, dans ces quelques lignes de vous, que je garde précieusement avec celles que j'ai déjà ! D'ailleurs, si j'ai un peu mérité cette récompense, comme vous avez la bonté de me le dire, ne m'y avez-vous pas beaucoup aidé par vos conseils, par vos exemples de courage et de résignation? Si tout le monde chez nous, pendant ces rudes épreuves, est resté ferme, calme, et en même temps doux et compatissant pour autrui, n'est-ce pas grâce à la présence et à l'influence de notre cher aumônier? S'il y avait une vraie justice ici-bas, n'est-ce pas à lui que cette récompense eût dû revenir? Ce n'est pas ma faute, à coup sûr, si les choses n'ont pas tourné ainsi... »

Ces désirs aussi honorables pour celui qui les formulait que pour celui qui en était l'objet devaient avoir, dans la suite, leur réalisation. En attendant, les officiers du bataillon voulurent se donner la satisfaction de témoigner leur reconnaissance à leur aumônier en lui laissant un souvenir de la campagne. Ils choisirent un exemplaire des *Heures d'Anne de Bretagne*, en une magnifique édition formant deux volumes de grand format, chef-d'œuvre de chromolithographie, enfermé dans un chef-d'œuvre de reliure. Sur le plat de la couverture du premier volume se lisait cette inscription : *Hommage de reconnaissance des officiers du 4e bataillon des mobiles du Calvados à leur aumônier Monsieur l'abbé Reverony.*

Quelle avait donc été la charité de ce prêtre qui inspirait de telles sympathies ! Mais aussi que nobles étaient les cœurs qui l'avaient compris à ce point !

Quelques mois après, le 13 juillet 1872, le gouvernement de M. Thiers créait Chevalier de la Légion d'honneur M. Reverony (Maurice-Joseph), aumônier dans la garde nationale mobile du Calvados. Parmi ceux qui connaissaient l'abbé Reverony, cette nomination n'étonna personne : elle satisfit tout le monde et il n'y eut pour la saluer qu'une acclamation.

Mais déjà le nouveau légionnaire avait quitté le vicariat de Saint-Michel de Vaucelles et avait pris possession de la cure de Saint-Pierre de Caen.

CHAPITRE VIII

La Cure de Saint-Pierre de Caen.

L'église de Saint-Michel de Vaucelles domine la ville de Caen, dont elle est séparée par le lit de l'Orne ; c'est presque une paroisse rurale. L'église de Saint-Pierre, au contraire, est située dans le quartier le plus fréquenté ; elle attire par sa riche et élégante architecture, et par la pompe et le bon ordre de ses cérémonies. Si les deux paroisses n'ont pas le même aspect, elles exigent le même zèle, la même abnégation. Population nombreuse, misères physiques et morales qui réclament la compassion et le dévouement. Le cœur de l'abbé Reverony en était tout rempli.

Or, en 1871, mourait un prêtre dont la vertu égalait la science et l'éloquence, M. l'abbé Hugot, curé de Saint-Pierre. La succession était lourde à recueillir. L'abbé Reverony était homme à en supporter le poids. Sa belle conduite, à Vaucelles à l'époque du choléra, à l'armée comme aumônier militaire, et sa réputation le désignaient pour un poste éminent. Il était légitime de croire qu'il se dévouerait à Saint-Pierre comme il s'était dévoué à Vaucelles et à l'armée. Le seul obstacle à vaincre, qui fût connu, était son humilité. Il y en avait un autre, secret celui-là : l'abbé Reverony hésitait encore dans le choix de la forme de vie sacerdotale à laquelle il devait définitivement se fixer.

Mgr Hugonin usa d'autorité. Après avoir silencieusement tout préparé et fait agréer son choix par le gouvernement

(le décret fut rendu le 25 septembre), il adressa le 1er octobre 1871 à M. Reverony la lettre suivante :

« Cher ami, je vous envoie votre nomination à la cure de
Saint-Pierre. Le conseil a été unanime. Je ne doute pas que
la Providence n'ait tout préparé.

« J'ai voulu que cette nomination demeurât absolument
secrète. Je ne l'ai pas même fait connaître à M. le Curé de
Vaucelles.

« Je prie Dieu de tout cœur qu'Il bénisse votre nouveau
ministère. »

En recevant cette nouvelle, l'abbé Reverony fut effrayé, et
il n'eut pas d'autre pensée que de décliner les nouvelles fonctions auxquelles il était appelé. Il savait Monseigneur
l'Évêque à la Délivrande, il alla l'y trouver et lui fit respectueusement observer quelle disproportion il y avait entre ses
mérites et le poste qu'on voulait lui confier. « Monseigneur,
disait-il, c'est mettre le fardeau d'un homme fort sur les
épaules d'un enfant. » Et Monseigneur répondit : « Les
enfants savent obéir, Monsieur l'Abbé, il faut faire comme
eux. » Il n'y avait pas à insister : l'abbé Reverony dut
prendre possession de la cure de Saint-Pierre. Il racontait,
plus tard, qu'à cette époque ayant à traverser Caen pour se
rendre à Vaucelles, il fit le tour de la ville pour ne pas
paraître dans la paroisse de Saint-Pierre dont il était si con-
fus d'être devenu le Curé.

Cependant tous dans le diocèse et même hors du diocèse
accueillaient cette nomination avec la plus grande joie : on
pressentait de quels fruits de salut elle était le gage.

Parmi ses amis laïques, tous heureux de son élévation, il
y eut des manifestations d'affection de caractères bien différents. L'un lui écrivait : « Nous avons pour vous l'orgueil
que vous ignorez pour vous-même, et je suis aussi fier qu'heureux d'avoir été l'ami de toute votre vie. »

Un autre, le plus intime ami qu'il ait peut-être jamais eu, lui tenait un langage plus austère, marque du haut degré de surnaturel qu'avait atteint leur mutuelle affection : « Cher ami, je suis moins surpris que toi, et moins désolé aussi : avant de parler de ton fardeau accablant, remercions ensemble le bon Dieu de la grande grâce qu'il te fait en tranchant d'une manière si positive toutes les incertitudes que tu pouvais avoir sur ta vocation.

« Cher ami, tu sais combien je t'aime et de quelle manière je t'aime, ayant constamment la pensée de ton salut et de ton avancement dans la perfection. Eh bien !... j'ai reçu cette nouvelle avec calme, je l'ai méditée avec recueillement, je l'ai étudiée religieusement, j'ai prié, j'ai communié à cette intention. Le résultat, c'est de te dire : courage et confiance !

« Humilie-toi bien profondément. Que la pensée de ton insuffisance ne te quitte jamais, mais aussi pense au glorieux patron de ta paroisse, pécheur comme toi, insuffisant comme toi, et que pourtant le bon Dieu dans son infinie miséricorde a placé à un poste si difficile. Miracle, c'est vrai !...

« Eh bien ! pour faire de toi un bon, un digne curé d'une importante paroisse, il faut peut-être un miracle aussi ; tu l'obtiendras ce miracle, si tu le demandes avec foi, avec humilité ; mais sois de plus en plus humble. Je ne parle pas d'humilité extérieure, tu en as assez : si tu en montrais plus, je craindrais presque une tentation : mais sois humble de cœur, humble avec toi-même.

« Cette véritable humilité développera encore en toi la charité si nécessaire aussi, et puis, t'abandonnant en toute confiance au bon Dieu, à Marie immaculée, te dévouant bien complètement à l'autorité, à l'amour de l'Église, tout naturellement, sans t'en apercevoir, tu feras un bon curé et tu deviendras un saint prêtre. »

Il faut répéter que cette lettre était écrite par un ami

laïque. Les sentiments qu'elle exprimait n'étaient pas en désaccord avec les sentiments du nouveau curé de Saint-Pierre. Il se mit à l'œuvre et la période qu'il a passée dans cette paroisse a été la période de sa vie la plus féconde peut-être, et incontestablement la plus chère à son cœur.

Homme intérieur et toujours fidèle à l'oraison, il maintenait en lui l'esprit de recueillement par la plus étroite vigilance sur ses pensées, ses sentiments, les penchants de son esprit et de son cœur. Un mot d'une humilité charmante révèle jusqu'où allait cette vigilance : « Je me suis souvent confessé d'avoir été original par vanité. »

Il empêchait les révoltes de la chair par une mortification assidue et très austère. Souvent, et peut-être toujours il portait un cilice. On a retrouvé après sa mort ses instruments de pénitence qui tous attestaient un long usage et dont plusieurs étaient teints de son sang. La sainteté ne va pas sans immolation : c'est en ce sens que Jésus a dit cette parole sublime : *Pro eis sanctifico meipsum* (1), c'est de cette manière que tout prêtre, fidèle à imiter Jésus, fait écho à cette parole, et voit dans le sacrifice de soi-même l'élément fondamental d'un zèle vraiment fécond. L'union avec Jésus-Hostie, prévue dans le règlement de vie sacerdotale de l'abbé Reverony, poursuivie pendant son vicariat, demeurait sa loi à Saint-Pierre. Ce fut la loi de toute sa vie de prêtre : « Si j'avais à me choisir un blason, disait-il un jour très franchement, je prendrais une hostie sur une croix, avec cette devise : *Hic et nunc* (2). »

Ses pratiques de mortification, l'abbé Reverony les dissimulait soigneusement, mais tous ceux qui jouissaient de son commerce éprouvaient bien qu'il avait établi son âme dans

____

(1) Je me sanctifie pour eux.
(2) Ici et dès maintenant.

une paix profonde. Cette paix se traduisait à l'égard d'autrui par une humilité, une bienveillance vraiment admirables.

Au presbytère, il était avec ses vicaires d'une simplicité toute paternelle et d'une condescendance extrême. Avait-il à s'absenter pour quelque œuvre de zèle, il demandait si rien ne s'opposait à cette absence : il eût pu imposer sa volonté : il subordonnait à celle de ses inférieurs l'exécution de ses projets. S'ils connaissaient des moments pénibles, des épreuves délicates, il consolait leurs cœurs, réconfortait leurs âmes, soutenait leur énergie. Aussi trouvait-il en eux des fils plutôt que des collaborateurs, et, tout en admirant son zèle, s'efforçaient-ils à l'envi de le seconder avec empressement dans l'accomplissement de ses œuvres pastorales.

Les circonstances, il est vrai, n'étaient pas aux nouvelles créations. En ce qui était des institutions de piété, l'abbé Hugot avait déjà doté sa paroisse de plusieurs, telles que l'œuvre de la garde du Saint-Sacrement et la messe mensuelle pour le Saint-Père.

Les pauvres avaient leur lingerie que les nécessités de la guerre avaient sans doute diminuée, mais elle existait encore et ne demandait qu'à être augmentée et entretenue.

La gracieuse église paroissiale n'avait pas non plus été oubliée par M. Hugot. Elle lui devait une chaire remarquable. Mais l'édifice lui-même réclamait des réparations urgentes, les fenêtres demandaient des vitraux, et l'orgue usé et fatigué ne prêtait plus aux offices qu'un insuffisant et peu agréable concours.

Or, en 1871, alors que le grand souci de tous était de travailler à guérir les blessures faites à la patrie par la terrible guerre, et à secourir toutes les infortunes qui en étaient la suite, il était impossible de songer à réunir des ressources destinées à un autre usage. L'abbé Reverony le sentait bien. Aussi, quoique à regret, dut-il remettre à plus tard des travaux qui lui tenaient à cœur. Toutefois, il n'en avait point abandonné l'idée ; il en mûrissait, au contraire, les différents projets ; il chercha à y intéresser le maréchal de Mac-Mahon (1) et il allait en commencer l'exécution, quand sa nomination aux fonctions de Vicaire général vint l'arracher à sa chère paroisse.

S'il n'eut pas la joie d'accomplir ces œuvres matérielles ni de fonder de nouvelles œuvres de piété, son ministère à Saint-Pierre n'en fut pas moins fécond.

Il s'appliqua à vivifier les œuvres existantes et elles durent à son impulsion une prospérité admirable. Il donna aussi tous ses soins à la magnificence du culte et bientôt les cérémonies de Saint-Pierre acquirent un tel éclat, qu'elles exerçaient sur tous les paroissiens une attraction puissante et comme une sorte de fascination et qu'elles étaient citées dans toute la ville. En même temps, le pieux curé s'efforçait d'inspirer autour de lui le respect, dont il était lui-même pénétré, pour les choses saintes. Il savait attirer l'attention sur les moindres détails et sa parole si persuasive était toujours écoutée. Aussi l'ordre le plus parfait, le plus recueilli et le plus édifiant régnait-il dans les offices paroissiaux. Un petit trait entre mille donnera l'idée de la façon dont il procédait. Les fidèles avaient coutume de retourner leurs chaises

(1) Voulant intéresser les pouvoirs publics à la restauration de son église, l'abbé Reverony profita du passage à Caen, en 1877, du Maréchal de Mac-Mahon, Président de la République. Après avoir été reçu solennellement dans l'église Saint-Étienne, le Président fit une promenade en voiture à travers les rues de la ville. L'abbé Reverony se tenait au premier rang de la foule, non loin de l'église Saint-Pierre. Lorsque passa la voiture du Président, on le vit rejeter son manteau, et, la croix de chevalier de la Légion d'honneur brillant sur sa poitrine, s'avancer vers le Maréchal. D'une main il montra l'église, tandis que de l'autre il tenait un papier. C'était une pétition concernant la restauration de l'église. Il avait voulu la remettre lui-même au Chef de l'État. La foule battit des mains, moins peut-être pour honorer son zèle que pour saluer sa croix qu'il ne porta publiquement en aucune autre circonstance.

au moment du sermon afin de voir le prédicateur. Cela ne
s'exécutait pas sans un certain fracas que l'abbé Reverony
jugeait peu convenable. Un jour, avant de commencer son
discours, il pria que, par pitié pour lui, l'on voulût bien
veiller à diminuer ce bruit « tout à fait capable de le décon-
certer ». Il y eut quelques sourires, mais la leçon fut com-
prise et, au sermon suivant, la manœuvre des chaises fut à
peine entendue. Parfois l'abbé Reverony citait ce fait pour
montrer ce que les paroissiens savent accorder à un curé
qui le leur demande « comme il faut ».

Les siens prévenaient quelquefois ses désirs. Chaque
année, quand le pieux curé portait le Saint-Sacrement aux
infirmes, à l'époque des Pâques, il trouvait plus d'un pauvre
réduit paré de fleurs apportées là par des mains pieuses.
« Il y avait, racontait-il lui-même, de pauvres vieilles
femmes, de bonnes petites ouvrières qui, toute l'année, cul-
tivaient un pot de fleurs pour orner la demeure où Notre-
Seigneur devait habiter. Souvent l'escalier de la mansarde
était tendu de ce que l'on avait trouvé de mieux et des
chœurs de jeunes filles saluaient l'arrivée du Bon Maître. »
Il ajoutait d'un ton ému qui trahissait ses regrets : « On
aimait bien le bon Dieu à Saint-Pierre !... »

Il est vrai que son dévouement donnait à sa parole une
autorité incontestée. Il était l'homme de tous, mais ses préférences étaient pour les pauvres. Pour eux il dépensait tout
et se dépensait lui-même. Avec l'aide de son excellente mère
et de quelques autres personnes profondément chrétiennes,
ses aumônes étaient presque sans mesure et répandues avec
une discrétion et un savoir-faire que seule pouvait lui inspirer la charité la plus élevée.

Sur sa paroisse vivait un pauvre vieux qui avait connu des
jours meilleurs et qui ne voulait avouer à personne ni peut-
être s'avouer à lui-même sa misère présente. S'il était logé

dans une mansarde, c'était que l'appartement qu'il avait en
vue n'était pas encore libre ; s'il ne faisait pas de feu, c'était
que la chaleur l'incommodait ; s'il dissimulait le triste état
de ses vêtements sous une robe de chambre, c'était qu'il
était plus à l'aise dans ce costume, et, à chaque visite de
l'abbé Reverony, il se confondait en excuses de n'avoir pas
eu le temps de passer sa redingote. D'ailleurs, beaucoup de
gens lui devaient des sommes qui, une fois rentrées, lui con-
stitueraient une fortune. L'abbé Reverony, qui le savait sans
bois ni pain, lui remettait de temps en temps quelque petite
somme, envoyée, disait-il, par un de ces débiteurs. Or, un
jour, la poche trop fatiguée de la robe de chambre ne fut pas
capable de retenir la pièce de dix francs, et celle-ci roula
sur le pavé. Le pauvre homme rougit, mit le pied dessus,
et le curé continua la conversation comme s'il n'avait rien
vu. Le lendemain, un commis remettait au pauvre vieux un
volumineux paquet. C'était une robe de chambre toute neuve
et confortablement doublée et ouatée. A la visite suivante,
l'abbé Reverony trouva son homme revêtu de son nouveau
vêtement. Il lui en fit compliment, et comme le vieillard bal-
butiait : « Ne cherchez pas qui vous a envoyé cela, dit le
curé, je crois que beaucoup de personnes qui vous doivent,
ne pouvant vous remettre d'argent, préfèrent vous restituer
en nature. — Parfaitement, fit le vieillard reprenant conte-
nance, une restitution en nature. »

Les services de tout genre que le charitable prêtre ajoutait
aux aumônes étaient innombrables. Recommandations, démarches de tout genre en faveur des petits et des déshérités,
rien ne lui coûtait. Plus d'une fois, il fit le voyage de Paris,
afin de solliciter pour tel ou tel d'entre eux l'appui de quelque personnage influent.

Mais c'était surtout dans leurs maladies qu'il leur témoignait l'intérêt le plus vif. Il leur rendait de fréquentes visites,

leur faisait oublier leurs souffrances et l'ennui de la maladie
en leur contant, avec le charme qu'il savait y mettre, de
belles histoires. Et quand les infortunés, captivés par sa
douce parole, lui disaient en le voyant se lever : « Oh !
Monsieur le Curé, encore une histoire ! » il s'y prêtait de
bonne grâce. Lorsque le malade était le père de famille ou
un fils déjà grand, il avait alors mille tendresses. On le
voyait passant son bras autour de leur cou, les embrassant
affectueusement, leur disant des mots qui venaient du cœur
et qui allaient au cœur. Et puis, il les soignait de ses propres
mains avec une délicatesse, une dextérité que les Sœurs de
charité elles-mêmes lui enviaient. Un ouvrier avait un ulcère
répugnant et horriblement douloureux. A chaque pansement
fait par ceux de son entourage, c'étaient des cris mêlés de
blasphèmes. Une religieuse essaya de mieux réussir : elle
n'obtint pas un succès complet. L'abbé Reverony apprit la
chose, il offrit ses services et ils furent si agréables au pauvre
patient qu'il ne voulut point souffrir d'autres mains que celles
du dévoué pasteur. Et l'abbé Reverony n'hésita pas à s'imposer cette servitude. En pansant la plaie du corps, ne gué-
rissait-il pas les blessures du cœur, et sur les lèvres qui
avaient multiplié les blasphèmes n'amenait-il pas des paroles de résignation chrétienne ?

Si la maladie se prolongeait et que parents et amis fussent fatigués de veiller le malade, l'abbé Reverony exerçait
alors envers ses pauvres un autre genre d'assistance. Après
avoir terminé sa séance du soir au confessionnal, il venait
discrètement frapper à la porte de la famille éprouvée,
envoyait tout le monde prendre du repos, et il demeurait
là toute la nuit, garde-malade attentif, arrangeant le lit et
les oreillers, donnant avec régularité les médicaments,
suggérant de bonnes pensées, associant la charité spirituelle au bienfait corporel. Au matin il se retirait : « Sur-

Extérieur de l'église Saint-Pierre de Caen.

tout, recommandait-il, ne le dites pas, vous m'empêcheriez
de revenir. »

Quand il ne pouvait lui-même passer la nuit et qu'il
rencontrait au confessionnal une âme de bonne volonté :
« Mon enfant, voulez-vous faire un acte d'amour du bon
Dieu ? — Oh ! oui, mon Père. — Eh bien ! ce soir, vers
huit heures, allez telle rue, tel numéro, vous trouverez une
pauvre vieille bien malade. Sa fille n'en peut plus, vous
lui direz de se coucher, et vous veillerez la malade avec
toute la charité de votre cœur en pensant que c'est Notre-
Seigneur qui vous la confie. On vous expliquera ce qu'il y
a à faire, c'est tout simple. Le bon Dieu vous bénira. »

En 1873, il se retrouva à Saint-Pierre en face du fléau
qu'il avait déjà combattu à Vaucelles : le choléra. Ce qu'il
avait été à Vaucelles il le fut à Saint-Pierre, avec plus de dévouement encore s'il est possible. Il ne retournait même plus
au presbytère pour prendre ses repas : quand il n'en pouvait
plus, il entrait au fourneau alimentaire qui est au bas du
Vaugueux, y mangeait à la hâte la portion du pauvre et
tout aussitôt continuait son ministère près des malades et
des mourants, se faisant tour à tour ou tout à la fois prêtre,
médecin, sœur de charité.

Un jour, il traversait la rue Neuve-Saint-Jean. Une des
bonnes filles qui le secondaient parfois dans ses œuvres de
charité descendait un pauvre escalier et arrivait tout effarée
dans la rue au moment où il passait : « Ah ! Monsieur le
Curé ! — Qu'y a-t-il, mon enfant ? — Il est mort, il est
tout noir, personne ne veut m'aider à l'ensevelir. — Allez
chez Mme X***, vous lui demanderez un verre d'eau sucrée
avec une grande cuillerée de rhum ; vous boirez le tout. En
revenant, vous direz un *De profundis* et vous reprendrez
votre poste, le bon Dieu vous attend. — Mais qui m'aidera ?
— Faites d'abord ce que je vous dis. » Quand, vingt

minutes après, elle revint près du mort, elle y trouva M. le Curé en prières. La chambre était dans un ordre parfait ; deux lumières brillaient auprès du crucifix qui était près de la couche sur une table avec le buis bénit : le mort... était enseveli. Et comme la garde s'étonnait : « Ne le dites pas, mes paroissiens ne seraient pas contents. Je reviendrai bientôt pour le mettre dans le cercueil. Ne vous inquiétez de rien, mais priez bien pour lui. » Il revint en effet et acheva son œuvre de miséricorde.

Alors encore que de conversions opérées par ce dévouement sans bornes ! mais aussi que d'adoptions consenties par l'abbé Reverony en faveur d'orphelins dont la terrible contagion avait emporté le père ou la mère, et quelle fidélité le saint prêtre mit à remplir les engagements ainsi contractés !

Après ces jours d'angoisses, le zélé curé voulut donner à sa paroisse le bienfait d'une mission. Il sollicita et obtint le concours de quatre religieux de la Compagnie de Jésus. La vertu, le zèle, la science, le savoir-faire des missionnaires étaient grands, mais ils recevaient du curé de Saint-Pierre un concours efficace. La mission avait été préparée de longue main et avec le plus grand soin. Pendant qu'elle dura, depuis le premier moment jusqu'au dernier, l'abbé Reverony ne cessa de se dépenser sans compter. On le voyait à l'église à tous les exercices, animant le chant des cantiques, dirigeant le placement, excitant l'entrain. En dehors des exercices, il parcourait la paroisse, tantôt seul, tantôt en compagnie des missionnaires, exhortant, pressant tout le monde de ne point négliger la grâce de la mission.

Aussi cette mission eut-elle un éclatant succès. Dès le premier soir, le dimanche 1er mars, les hommes remplissaient le chœur, le sanctuaire, et occupaient jusqu'aux marches de l'autel. Ces débuts ne furent pas démentis. Pour

certaines cérémonies l'on vit beaucoup d'hommes venir plus
d'une demi-heure à l'avance retenir leurs places. Par crainte
de ne point trouver à se caser dans le chœur, ou par un
reste de respect humain, un certain nombre d'hommes
restaient encore sous l'orgue. Un soir, l'abbé Reverony dit à
l'un d'eux : « Mon ami, il y a une place pour vous dans le
chœur. » Le brave homme se rendit à l'invitation. Par bonheur, une chaise, une seule, restait libre dans le chœur. Il
la crut gardée pour lui et s'y installa. Quelques jours après,
l'abbé Reverony s'entend appeler dans la rue : « Pardon,
Monsieur le Curé, je voulais vous remercier de vos bontés.
— Et pourquoi, mon ami ? — Monsieur le Curé, vous m'avez
fait réserver une place dans le chœur ; j'y suis venu tous les
soirs et je voulais vous dire que je me suis confessé, et à
la clôture je serai de la fête. — Et vous êtes content ? — Oh !
si je suis content ? — Eh bien ! tâchez d'amener un ami...
— Oh ! Monsieur le Curé, j'en ai déjà amené cinq ; il y en a
trois de confessés ; les deux autres sont plus durs, mais ils y
passeront. — Bravo, mon ami, au nom du bon Dieu, c'est moi
qui vous remercie et qui vous bénis. »

Ainsi le bien gagnait de proche en proche et la foule des
hommes croissant à mesure que la mission avançait, leurs
rangs pressés remplirent à la fin non seulement le chœur
mais aussi la nef tout entière.

Il y eut au cours de cette mission des cérémonies touchantes où le zèle plein d'abandon du pasteur porta dans
tous les cœurs une impression profonde et efficace. Ainsi la
consécration à saint Joseph, le 19 mars. Ainsi l'amende
honorable à Notre-Seigneur Jésus-Christ, le 22 mars. Pour
cette dernière cérémonie, une demi-heure avant, on ne pouvait plus pénétrer dans l'église et un grand nombre de fidèles
durent se retirer après avoir stationné longtemps aux portes.

Mais ce qui peut-être frappa le plus l'imagination de la

population, ce fut la procession des enfants. Une retraite spéciale leur avait été donnée, après laquelle ils firent, le dimanche 15 mars, une communion générale. Dans l'après-midi de ce même dimanche, ils furent conduits en procession jusqu'à un reposoir extérieur où ils devaient faire leur consécration à la Très Sainte Vierge. Le charmant cortège s'avançait portant de nombreuses bannières et des centaines d'oriflammes aux pieuses devises, et formant une gracieuse escorte aux statues de la Sainte Vierge et de saint Joseph. Au reposoir, les enfants entendirent une courte allocution. Puis l'abbé Reverony, à genoux au pied de l'autel, consacra à Marie toute cette jeunesse et sa paroisse entière. « Moment solennel entre tous! dit un récit du temps. Le geste et la voix du pasteur trahissent l'émotion profonde de son âme ; ses mains et ses regards élancés vers le ciel font comprendre à tous l'ardeur de la charité qui le presse et que sa bouche exprime ; il parle, il prie de l'abondance de son cœur, et personne ne reste insensible ; les indifférents mêmes sont touchés et entraînés, la foule est tenue en suspens, et c'est avec enthousiasme que l'on reprend le chant des cantiques tandis que la procession se remet en marche avec un ordre admirable. »

Cette pieuse cérémonie fut suivie bientôt d'un fait très attendrissant. Un enfant de neuf ans appartenant à une famille d'ouvriers se trouva en danger de mort. L'abbé Reverony le jugea capable de faire sa première communion, et lui porta en viatique le Dieu de l'Eucharistie. Or, Mgr Hugonin honorait fréquemment de sa présence les exercices de la mission, et, trois jours après cette première communion, il était à Saint-Pierre. Sur le désir exprimé par l'abbé Reverony, Sa Grandeur, accompagnée de l'un des missionnaires, s'empressa de se rendre auprès du petit malade afin de lui administrer le sacrement de confirmation. Exquise expression de la recon-

naissance des excellents parents : à l'entrée de la maison un
arc de triomphe était dressé, des guirlandes de verdure
tapissaient les murs, la chambre était transformée en chapelle, et une vingtaine d'enfants formaient une garde d'honneur au Pontife.

La nouvelle de cette édifiante cérémonie se répandit rapidement dans la paroisse et elle s'ajouta à toutes les circonstances qui produisaient un courant de grâces d'une puissance presque irrésistible.

Aussi quels fruits recueillirent les missionnaires !

Le dimanche des Rameaux, la communion générale des
femmes dura une heure et demie, quoique la sainte Eucharistie fût distribuée par deux prêtres.

Le jour de Pâques, à la messe de communion générale, la
nef était trop petite pour contenir tous les hommes. Beaucoup
durent se placer dans les bas-côtés. Aux offices de la journée
l'affluence fut telle, que l'on dut, faute de place, renoncer
aux ornements des grandes solennités.

Il fallait à ce saint enthousiasme une manifestation qui ne
fût point renfermée dans les limites de l'église. Elle fut fixée
au lundi de Pâques.

L'année précédente, un ouragan avait renversé le calvaire
de Saint-Pierre. Relever avec une éclatante solennité ce calvaire abattu, c'était un digne couronnement de la mission.
Ce fut l'objet de la fête du lundi de Pâques. Jamais peut-être
la ville de Caen n'avait été témoin d'une démonstration religieuse accomplie avec tant d'élan. Ce n'était plus seulement
Saint-Pierre, c'était la ville entière, c'étaient les campagnes
voisines qui décernaient à la croix un triomphe inouï. Quel
immense cortège ! Les bannières succédaient aux bannières,
les oriflammes aux oriflammes ; de longues files de prêtres
précédaient le Très Révérend Père Abbé des Prémontrés de
Mondaye, Mgr Verrolles, heureux de s'associer au bonheur de

son ancien secrétaire, et Mgr Hugonin, qu'un si beau spectacle
pénétrait de joie et de consolation ! Toute cette procession
passa dans un ordre parfait et un religieux recueillement près
de la croix qui avait été disposée au chevet de l'église, et se dirigea vers le lieu du calvaire. Autour de cette croix deux cent
cinquante hommes formaient une noble phalange : il y avait
parmi eux l'élite de la société caennaise. Beaucoup d'autres
avaient brigué l'honneur d'être admis comme eux à porter
l'arbre sacré : on avait dû fixer une limite au nombre des
enrôlements. Lorsque Monseigneur eut chanté d'une voix
forte les prières de la bénédiction, cette croix soulevée d'un
seul mouvement et d'un seul effort sur les épaules de ces
volontaires apparut à tous les regards. A sa vue, une indicible émotion saisit la multitude ; on battit des mains, et des
balcons, des fenêtres, de toutes les parties de la foule qui
couvrait au loin la place et les boulevards, jaillit une acclamation spontanée, immense : Vive la Croix ! Et ce cri ne
cessa plus de se faire entendre sur tout le parcours.

Il était beau de voir l'instrument du salut ainsi porté à
travers les rues admirablement décorées, où les arcs de
triomphe se succédaient nombreux et remarquables d'élé-
gance et de richesse, où chaque maison avait sa parure, éclatante chez les riches, pieusement simple chez les pauvres, où
chaque pas en avant marquait un élan d'amour pour la croix
de Jésus.

Peu à peu, le cortège avait gravi la colline du calvaire. Au
milieu du clergé, sur une estrade soigneusement ornée,
prirent place les prélats et, tout près d'eux, le préfet du Calvados et le brave général de Vendeuvre. Quel tableau s'offrit
à leurs yeux ! Aussi loin que la vue pouvait s'étendre, dans
les champs, sur les routes, un peuple innombrable, calme,
silencieux, recueilli. Sur la pente de la colline, des deux côtés
de la route, une multitude compacte, maintenue par deux

haies de soldats, se refermant sur le passage de la croix,
s'avançant pareille aux flots de l'océan, occupant les plus
petits coins du terrain, s'enchevêtrant en quelque sorte afin
d'approcher davantage du calvaire. Et quand les vaillants
porteurs eurent déposé, au terme du parcours, leur précieux
fardeau, l'enthousiasme éclata partout, des larmes mouil-
lèrent les paupières, et de toutes les poitrines s'échappa le
cri unanime : Vive la Croix ! vive la Croix !

Mais quelle terrible angoisse va suivre !

Le travail de l'érection était commencé : la corde trop
faible se rompt. Déjà soulevé de terre, l'arbre retombe et
se brise ! Par une protection divine personne ne fut blessé.
La grâce de Dieu fit aussi que dans la foule, saisie d'une
inexprimable douleur, il n'y eut ni trouble ni découragement. Tout au contraire, comme le missionnaire s'écriait :
« Nous la planterons quand même, n'est-ce pas, mes
Frères ? » tout l'auditoire répondit : « Vive la Croix ! » Et
à l'abbé Reverony donnant rendez-vous pour une plantation
prochaine tous répondirent : « Oui, vive la croix ! »

Mais soudain éclatent d'autres acclamations : « Vive la
mission ! vivent les Pères ! Vive le curé de Saint-Pierre ! »
Le missionnaire se dérobe à l'enthousiasme en demandant
d'honorer par de semblables vivats les grands personnages
présents. L'abbé Reverony suscité une acclamation, la dernière, plus puissante que toutes les autres, en faisant crier
par la foule entière : « Vive Jésus-Christ ! »

Ce fut sous l'impression de cette explosion de foi et
d'amour que s'achevèrent les cérémonies de cette journée.
Fécondes émotions qui décidèrent ce jour-là même de nombreuses conversions et qui donnèrent, le lendemain, à la
cérémonie de clôture de la mission, un caractère tout à fait
solennel et imposant.

L'abbé Reverony était rayonnant de joie. Mais, ayant eu

dans le succès une part si large, il en reportait à Dieu d'abord, et ensuite à Monseigneur l'Évêque et aux missionnaires, tout l'honneur et le mérite.

L'année suivante, la paroisse de Saint-Pierre revit à l'occasion du jubilé des merveilles égales à celles de la mission ; elle revit aussi à l'occasion de la plantation du calvaire une manifestation de foi tout aussi consolante que celle qui avait terminé la mission.

Décorations, affluence de peuple, saint et ardent enthousiasme, tout ce qui avait embelli la première cérémonie revint donner à la seconde une beauté d'autant plus touchante qu'elles n'étaient séparées que par l'intervalle si court d'une année. La présence de l'Abbé de la Trappe, celle de Mgr Le Coq, qui venait d'être nommé évêque de Luçon, celle de Mgr Hugonin, qui avait bien voulu, en faveur de cette fête, retarder son départ pour Rome, en rehaussaient l'éclat. Les autorités civiles et militaires avaient, cette fois encore, tenu à honneur de paraître au premier rang dans cette manifestation à la gloire du divin Crucifié. Le succès fut complet, et ce fut avec les accents d'une joie profonde que l'immense assistance salua la croix majestueusement dressée. Longtemps elle répéta les cris de : « Vive la croix ! Vive le Christ Roi ! »

L'abbé Reverony était au comble du bonheur. Quelles espérances ne pouvait-il pas concevoir pour le bien de sa paroisse à la vue d'une si éclatante affirmation d'amour et de dévouement envers Jésus ! Il sut le dire avec une délicatesse exquise après le salut qui termina la journée. « Je vous remercie, vous, mes frères ; avec vous il n'est pas même besoin de faire une demande, d'exprimer un désir. Nous n'avons jamais qu'un seul mot à vous adresser, c'est celui de merci. Soyez bénis, mes frères, de tous ces travaux entrepris avec tant d'initiative, avec tant d'amour pour Jésus.

Soyez bénis, surtout, parce que, en même temps que vous prépariez ce magnifique chemin, que vous pavoisiez vos maisons, la maison de votre cœur n'a pas été négligée. Les ornements de vos maisons et de vos rues tomberont bientôt, mais les ornements de la maison de votre cœur ne tomberont pas, car Jésus n'est pas à sa dernière visite. Nous vous verrons, mes frères, comme hier, comme dimanche, remplir cette église, et, après avoir trois fois frappé vos poitrines, traverser le chœur et recevoir Notre-Seigneur Jésus-Christ. Je n'ai plus qu'à demander à Notre-Seigneur de développer en vous ce sentiment d'amour dont vous avez donné une si haute manifestation.

« Je dois aussi vous remercier, Messieurs ; il était beau de vous voir pliant sous le faix de la croix, mais marchant toujours et gravissant la colline. Ainsi vous marcherez toute votre vie, parfois peut-être pliant sous le fardeau de vos croix, mais reprenant courage et vous souvenant que vous marchez, non pas vers la colline du calvaire, mais vers le ciel. »

Si le curé de Saint-Pierre s'oubliait lui-même au milieu de ces magnifiques triomphes de la religion, tous savaient apprécier dans quelle mesure ils devaient être attribués à son influence. Mgr l'Évêque de Bayeux, mieux que personne, le reconnaissait : aussi, le 23 avril suivant, adressait-il à l'abbé Reverony des lettres de chanoine honoraire de sa cathédrale. Sa Grandeur avait eu la délicate attention de faire parvenir cette nomination au nouveau chanoine par l'intermédiaire de Mgr Le Coq, évêque nommé de Luçon, à l'occasion de son sacre.

Bientôt le prélat voulut faire davantage. L'épiscopat venait de ravir Mgr Germain à sa paroisse de Notre-Dame de Bayeux. Mgr Hugonin, le 24 février 1876, nomma l'abbé Reverony curé de la cathédrale. Grand fut l'étonnement du curé de

Saint-Pierre qui répondit par des observations « d'une respectueuse et filiale simplicité ».

« Après un instant donné à la surprise que m'a causée la lettre de Votre Grandeur, je me suis mis à genoux, j'ai réfléchi longtemps, prié de mon mieux, consulté mon directeur, et, toutes choses considérées, pesées devant Dieu, pour sa plus grande gloire et pour le salut des âmes, j'ose supplier Votre Grandeur de trouver bon que je demeure curé de Saint-Pierre.

« J'adresse cette réponse à Votre Grandeur avec d'autant plus de confiance qu'en préférant au bonheur de me rapprocher d'Elle, à l'honneur d'être curé de la cathédrale, la position plus modeste et mieux dans mes aptitudes de curé de Saint-Pierre et du Vaugueux, je crois pouvoir me rendre le témoignage et affirmer à Votre Grandeur que je n'agis sous l'influence d'aucun motif naturel. »

Monseigneur se rendit à ces observations et l'abbé Reverony put continuer à Saint-Pierre son ministère de zèle et de dévouement. Il s'incorporait, du reste, et s'identifiait de plus en plus avec cette chère paroisse. Il était curieux de tout ce qui la concernait. Au milieu de ses occupations, il trouvait le temps de recueillir des notes sur l'histoire de Saint-Pierre, et peut-être ne sera-t-il pas sans intérêt d'offrir un jour au public quelques extraits de ces notes assez considérables. Mais si son esprit se rendait familier tout ce qui avait trait à sa paroisse, son cœur surtout était sensible à tous les besoins qu'il trouvait en elle.

Ce fut vers ce temps qu'il put mener à bien de longues négociations dont le résultat fut de créer sur Saint-Pierre une maison d'éducation chrétienne pour les jeunes filles. L'établissement de ce pensionnat fut la première des nombreuses entreprises qu'il se proposait de poursuivre en vue de l'organisation complète de la paroisse. La Providence ne lui en donna pas le temps.

Sa charité ne s'emprisonnait pas dans les limites du territoire de Saint-Pierre. Beaucoup d'œuvres existant à Caen lui doivent et lui gardent une grande reconnaissance. Nous le voyons développer dans la ville de Caen l'Œuvre de l'adoption qui lui devait sourire à tant de titres. Il s'occupe avec une égale activité des créations de Mgr Lavigerie, et il sert d'intermédiaire pour faire parvenir au grand archevêque d'Alger des dons importants. Il prête encore son concours à plusieurs autres œuvres : son âme apostolique voudrait pouvoir sur tous les points de la terre venir au secours de tous ceux qui sont pauvres et déshérités, sauver toutes les âmes qui sont dans la voie de la perdition. C'était avec la charité du Bon Pasteur qu'il courait après la brebis égarée. Un jour, ce fut après un malheureux prêtre tombé qu'il courut, se souvenant de l'exemple du divin Maître qui, jusqu'au dernier moment, traite Judas en ami. Après bien des recherches, il le rencontre à la gare du Mans, lui dit de bonnes paroles, l'invite à déjeuner et le ramène. Plus tard, il racontait que ce malheureux apostat était déjà en laïque. « Je n'avais pas faim, mais il fallait bien trouver moyen de le retenir. » Il n'eut pas la consolation de voir le pauvre égaré persévérer dans son retour. Plusieurs blâmèrent le zèle miséricordieux de l'abbé Reverony. O Jésus ! qu'ils connaissent mal les trésors de miséricorde dont votre Cœur est rempli !

Cette vie toute sacerdotale ne devait pas être épargnée, elle devait, au contraire, attirer à l'abbé Reverony les attaques les plus injustes.

Je ne veux point parler de certains incidents qui lui furent tout particulièrement pénibles, mais je ne puis taire un fait dont les conséquences se firent sentir dans toute la suite de l'existence du saint prêtre.

En 1877, avaient lieu des élections législatives. Cédant à l'appel adressé à son patriotisme, le général de Vendeuvre avait posé sa candidature dans l'arrondissement de Caen. Elle triompha. Son concurrent, furieux de l'échec auquel il était loin de s'attendre, s'efforça de faire invalider cette élection. Entre autres griefs, il prétendait que l'abbé Reverony avait usé de son influence pour déterminer les curés de Caen et de la campagne à exercer en faveur du général une pression sur leurs paroissiens, et que, dans le même dessein, il avait fait une visite générale dans la paroisse de Saint-Pierre et distribué aux pauvres de cette paroisse des aumônes extraordinaires. Quand son oncle l'eut averti des arguments sur lesquels le candidat évincé tâchait d'étayer une protestation, l'abbé Reverony répondit par une longue lettre dans laquelle il réduisait sans peine à néant toutes ces accusations et qui se terminait par ces mots : « Et maintenant je mets au défi de trouver quelqu'un qui, avec vérité, puisse contester mes affirmations. » L'élection du général de Vendeuvre fut validée, mais si les calomnies formulées par son concurrent n'eurent point d'effet sur la Chambre, le sentiment qui les avait inspirées persévéra.

Beaucoup ont regretté que l'abbé Reverony n'ait pas été placé à la tête d'un diocèse. Ils ont été choqués de l'oubli fait de lui dans les nominations épiscopales, à partir du moment où les amis politiques du candidat battu par le général de Vendeuvre furent devenus les maîtres du pouvoir, et cet oubli ne leur a point paru susceptible d'être expliqué autrement que par une tenace rancune électorale.

Mais on ne prévoyait pas alors quelles oppositions seraient formées contre l'élévation à l'épiscopat du si méritant curé de Saint-Pierre. Tous, au contraire, considéraient cette élévation comme certaine et comme étant relativement prochaine. Mgr l'Évêque de Bayeux, mieux placé que personne pour apprécier la situation, partageait la conviction générale. Or, en 1878, l'un de ses vicaires généraux, l'abbé Ducellier, lui était enlevé pour être placé à la tête du diocèse de Bayonne. Pour le remplacer, Mgr Hugonin porta ses regards sur l'abbé Reverony qu'il désirait ainsi préparer aux fonctions épiscopales. « Dès lors que le ministère paroissial devrait finir bientôt pour vous, écrivait Sa Grandeur au curé de Saint-Pierre, il y aurait de grands avantages à prendre connaissance des affaires, sans pourtant vous y absorber complètement. Mais avant d'agir à votre égard avec autorité, et avant de prendre une décision, je voudrais être mieux à même d'apprécier votre situation à Saint-Pierre, et mieux connaître les inconvénients qu'il y aurait à vous enlever en ce moment à votre paroisse. Je m'adresse simplement à vous : vous me répondrez simplement. »

A cette confiance si bienveillante et si paternelle, l'abbé Reverony répondit par une lettre admirable. Tout en marquant à Monseigneur l'Évêque une filiale reconnaissance, il exprimait « l'anxiété pleine d'épouvante » que lui causait la perspective de l'épiscopat. Puis il exposait la situation de la paroisse : « Bien que lourde au point de vue de la population qui en est considérable, et surtout des pauvres qui y sont très nombreux, elle renferme de bons éléments ; l'esprit n'y est pas généralement mauvais ; elle ne renferme, je pense, ni division, ni coteries. Depuis que Votre Grandeur me l'a confiée, quelque bien s'y est produit. Mais ce bien, il ne faut m'en attribuer qu'une très faible part. Me portant bien, j'ai pu fournir le travail avec un peu de tact et de zèle ; mes vicaires m'ont largement prêté leur concours ; d'heureuses circonstances se sont produites. Dieu a béni notre bonne volonté. Voilà la vérité.

« La vérité encore, c'est que mon influence n'est pas aussi grande qu'on le suppose quelquefois ; elle existe dans une certaine mesure à l'égard des personnes qui fréquentent l'église ; mais elle est bien minime, trop minime — je m'en fais le reproche — à l'égard des indifférents et des impies. Cela tient pour beaucoup, je le confesse et je m'en repens, à ce que, absorbé par le ministère, je n'ai pas su visiter assez en détail la paroisse. Un curé trouvera toujours à Saint-Pierre, dans cette œuvre de zèle, une ressource considérable pour le bien, et un moyen assuré de se concilier les sympathies générales. Voilà, Monseigneur, ce qu'en conscience je crois pouvoir répondre à Votre Grandeur. »

Puis, cherchant à détourner les honneurs qui le menaçaient, l'humble curé continuait : « En conscience encore je dois ajouter que je ne possède que dans une mesure absolument restreinte, et nulle à certains égards, les qualités que réclament les fonctions de grand Vicaire. Science, connaissance du clergé de Bayeux, habitude des affaires, esprit d'à-propos pour décider sur l'heure celles qui sont urgentes, fermeté de caractère, et, ce qui domine tout le reste, vertu et sainteté : ne faudrait-il pas tout cela ! Hélas ! je ne l'ai pas. »

Il ajoutait ces mots d'une simplicité héroïque : « Je ne parle pas de mes répugnances ; elles sont grandes, mais n'ont le droit de rien dire. »

Et il terminait ainsi : « Permettez à ma docilité toute filiale d'espérer que vous trouverez bon qu'elle n'obéisse que sur une parole très formelle de votre part. Si Votre Grandeur donnait suite à son projet, ma misère en face d'une si lourde responsabilité réclamerait pour la paix de mon âme la précieuse garantie d'avoir agi uniquement par obéissance. »

Cette lettre qui laissait voir tant de vertu ne détourna point Monseigneur de son projet. Toutefois, voulant dans une affaire si importante éviter la précipitation à suivre son sentiment personnel, le pieux prélat se rendit au sanctuaire de Notre-Dame de la Délivrande et y dit la messe « pour

Intérieur de l'église Saint-Pierre de Caen.

demander à Notre-Seigneur, par l'intercession de sa très sainte Mère, la lumière » sur cette question délicate. Le résultat fut que Sa Grandeur persévéra dans sa résolution.

Elle en informa l'abbé Reverony qui répondit (1er octobre 1878) : « Monseigneur, vous le voulez ! Votre parole est pour moi l'expression de la volonté de Dieu ! Au jour de l'ordination, j'ai promis d'y obéir ! Que cette sainte volonté soit faite ! Que Dieu accepte mon sacrifice pour la rémission de mes péchés et pour le bien du diocèse !

« Je vais passer des jours bien pénibles ! Priez pour moi, Monseigneur, et pour tant d'âmes qui vont ressentir un contre-coup douloureux de mon sacrifice ! Que Dieu les rende fortes et courageuses ; que pour tous cette épreuve tourne à sa gloire ! »

Épreuve, sacrifice, tels étaient en effet les mots qui rendaient la situation (1).

La nomination de l'abbé Reverony fut agréée par le pouvoir civil seulement le 16 octobre. Bien avant cette date, les lettres relatives à cette nomination lui arrivaient nombreuses. Chose digne de remarque, dans ces lettres il y a quelques félicitations ; mais, au demeurant, la note triste domine, quoique tous espèrent grand bien du choix fait par Monseigneur. Ici je lis : « Cette lettre est une lettre de condoléance plutôt que de félicitations. » Ailleurs : « Je vous aime trop pour n'avoir pas le cœur percé du coup qui vous frappe. » Ailleurs encore : « Ah ! j'ai bien pleuré, car je pense à l'infinité de sacrifices que Dieu vous demande tout d'un coup. » A travers ces accents perce l'expression, parfois déchirante,

____

(1) Peu d'années avant sa mort, il racontait en souriant que se trouvant à bout d'arguments avec Monseigneur, quand il était question de le nommer Vicaire général, il avait fini par lui dire : « Permettez-moi d'assurer Votre Grandeur qu'Elle fait un choix détestable. » Monseigneur aurait répondu : « Ceci est mon affaire, la vôtre est d'obéir. »

de regrets poignants. L'ami dont j'ai cité une lettre au commencement de ce chapitre écrivait : « Je te plains très sincèrement et je prie pour toi. » Puis, avec un pressentiment tout à fait semblable à celui qui avait dicté à Monseigneur sa décision, il ajoutait : « Il est malheureusement probable qu'un jour à venir le fardeau de l'épiscopat tombera sur tes épaules. Apprends-le donc, ce noble emploi, où toute la gloire, tous les avantages disparaissent sous les responsabilités, les épreuves, les amertumes plus cruelles, à mon avis, que la persécution qui ne manquera pas non plus probablement. Donc, cher ami, *Sursum corda* et courage !... »

L'heure vint de consommer le sacrifice. Le 10 novembre, l'abbé Reverony fit ses adieux à sa paroisse. Nulle solennité extérieure donnée à cette suprême réunion du pasteur et du troupeau. Mais grande était l'affluence, plus grande encore l'émotion qui fut portée à son comble par l'allocution que le dévoué curé prononça du haut de la chaire. « Bien des fois, mes frères, dit-il en commençant, je vous ai prêché l'obéissance, la fidélité au devoir, la soumission à la sainte volonté de Dieu. Le moment est venu où je dois vous donner l'exemple. C'est, vous le savez et vous n'en doutez pas, au prix d'un grand et immense sacrifice. » Et il énuméra toutes les consolations qu'il avait goûtées à Saint-Pierre. Les cœurs se gonflaient, les larmes coulaient. Il y eut des sanglots quand on l'entendit exprimer ce désir : «... Vous garderez aussi mon souvenir. Ah ! je vous demande qu'il soit pieux ! Donnez-lui la forme de la prière. Demandez à Dieu qu'il m'accorde les grâces dont j'ai besoin. » Il ajouta une ardente prière : « Et maintenant, Sauveur Jésus, dans cette église bien-aimée, je vous en supplie une fois encore et plus que jamais, attachez sur ces âmes un regard de compassion, écoutez ma prière... » Jamais sa parole n'avait été plus puissante ; jamais non plus son cœur n'avait été aussi ému.

La paroisse avait tenu à donner au pasteur qu'elle perdait une expression sensible de sa reconnaissance sous la forme d'une statue de saint Pierre en bronze. Le pasteur n'offrit point à sa paroisse d'objet commémoratif de ses adieux : en la quittant il lui laissa le meilleur de son cœur. Le jour où s'accomplissait l'installation solennelle de son successeur, il écrivait : « Quoique mon sacrifice fût fait depuis longtemps, j'étais triste aujourd'hui, et à côté de mon crucifix, avec lequel j'ai passé la journée, il me semblait que j'aurais aimé à avoir le cœur d'un ami pour m'entretenir avec lui. »

Touchante preuve qu'il faut aux saints moins de force pour refuser les honneurs que pour les accepter ; touchant exemple des trésors d'affection et d'attachement dont Jésus souverain prêtre remplit pour les âmes le cœur de ses prêtres.

CHAPITRE IX

Le Prédicateur apôtre.

Avant de montrer l'abbé Reverony Vicaire général, étudions en lui le prédicateur de la parole de Dieu et le directeur des âmes.

Toute sa vie, il se livra avec un égal succès, et des fruits abondants, à ces deux ministères pour lesquels son amour de Dieu lui donnait un grand attrait. « Donner Jésus aux âmes et les âmes à Jésus ! » Ces simples mots expriment ce qu'il ambitionnait uniquement dans sa prédication et dans sa direction.

Il fut apôtre, il fut père.

Il était encore à Vaucelles lorsque, prêchant un sermon de charité en faveur de l'Ouvroir Notre-Dame, à Caen, il mérita que la presse fît de lui cet éloge : « Un orateur qui n'est pas seulement un homme de bien comme le voulaient les anciens, mais qui est chrétien jusqu'aux entrailles; un prêtre jeune, qui a la chaleur et le mouvement de la jeunesse, qui sait émouvoir parce qu'il est lui-même ému, revêt ses idées d'une forme excellente, possède d'ailleurs les qualités physiques nécessaires, le ton et le geste oratoires, une voix juste, forte et sympathique... ce prêtre, cet orateur nous est né : mieux encore cet apôtre... »

Ce devait être un apôtre, en effet. Peu de prêtres ont prêché aussi souvent, sur des sujets aussi divers, et avec autant de succès que l'abbé Reverony. Il ne comptait pas avec lui-même : il se mettait au service de tous, et, à l'exemple de saint Paul, il se considérait, on peut le dire, comme le débiteur de tous. Il aurait pu dire comme saint François de Sales : j'ai plus tôt fait un sermon que de dire nenni.

Il avait commencé dès le séminaire à recueillir des matériaux en vue du ministère de la chaire. Les catéchismes lui en fournissaient une occasion toute naturelle, mais en examinant les notes de ce temps, on voit que ses regards allaient plus loin que l'enceinte de la chapelle des Allemands, et que déjà il se préoccupait des âmes auxquelles il s'adresserait après son sacerdoce.

Dès le séminaire aussi, il s'était tracé les règles de ses futures prédications : « Je m'appliquerai toujours, avec la grâce de Dieu, à prêcher Jésus-Christ, ses maximes, sa vie, son esprit auquel je me donne et me dévoue tout entier.

« Je m'appliquerai à parler dans la simplicité de la foi, évitant avec un grand soin, comme une profanation sacrilège du ministère de la parole qui m'est confiée, de parler jamais pour parler ou pour plaire ou pour me faire valoir ; mais uniquement pour être utile aux âmes. Cependant, par respect pour la parole divine et par zèle pour le salut de mes frères, j'apporterai à mes prédications tout le soin que réclame raisonnablement le fonds et la forme. »

Ceux qui ont entendu quelquefois l'abbé Reverony prêcher savent à quel point il avait atteint cette simplicité dont il s'était fait une loi, même quand il touchait aux dogmes les plus élevés, et qu'il exposait les considérations les plus hautes ; il y avait dans sa parole quelque chose de si simple que parfois les esprits superficiels le prenaient pour un manque de profondeur : ceux qui avaient étudié avec soin ces grands sujets étaient étonnés et ravis de les voir si bien mis à la portée de tous. Lui-même, qui parlait rarement des sermons auxquels il assistait, ne pouvait parfois retenir un mot de

critique à propos de certains discours de forme trop savante :
« Quand donc, disait-il, serons-nous un peu moins théologiens ? »

Cette simplicité qu'il s'était imposée ne diminuait pas son travail. De nombreux et gros cartons remplis de cahiers de sermons entièrement écrits, et d'autres renfermant des plans et notes sans nombre, attestent le labeur incessant de l'abbé Reverony pour suffire à la multiplicité et à la variété de ses prédications. Ce n'est pas sans avoir creusé un sujet qu'on le rend accessible au grand nombre. Sans doute sa facilité naturelle lui permettait d'accomplir ce labeur avec aisance et rapidité, mais encore sa conscience l'y astreignait-il avec la plus fidèle exactitude. Il préparait tout par écrit, non seulement les sermons et les discours solennels, mais les catéchismes qu'il faisait à ses enfants et jusqu'aux petites instructions qu'il donnait aux vieillards infirmes des Petites Sœurs des Pauvres.

Il agissait ainsi parce qu'il portait dans la prédication des dispositions tout à fait surnaturelles. Avec quelle ferveur il priait dans les moments qui précédaient immédiatement le sermon ! Prêchant une retraite aux religieuses de la Miséricorde à Caen, il allait chaque jour, dès cinq heures du matin, se mettre à genoux devant une statue de la Très Sainte Vierge placée dans le jardin de la Communauté, et là, près de l'image de sa bonne Mère, il prévoyait tout ce qu'il dirait pendant les exercices de la journée.

« Voulez-vous, disait-il un jour à quelqu'un, m'écrire trois lettres en rentrant chez vous ? Je dois prêcher une retraite au Lycée ; ces pauvres enfants et moi nous allons avoir besoin d'un surcroît de grâces : écrivez à la prieure du Carmel, à celle des Bénédictines, et à celle de l'Hôtel-Dieu, pour qu'elles m'aident du secours des prières de leur communauté. »

Aussi remarquait-on dans sa parole le ton d'une profonde conviction et comme un accent d'inspiration. Comment la grâce n'eût-elle pas soutenu ses efforts après une telle préparation ? Comment surtout n'y eût-il pas eu dans sa prédication quelque chose de très vivant et de très pénétrant, avec le soin qu'il prenait de ne jamais se séparer de ses auditeurs, de s'unir à eux par un intérêt très vif et un dévouement absolu, et, quand le sujet le comportait, de prêcher pour son propre profit en même temps que pour celui des autres ? Voici une note qui fait bien voir jusqu'où allaient ses préoccupations à ce sujet.

« Ressemblance déplorable entre bien des prêtres et les messagers qui portent les lettres. — Le facteur porte souvent des millions à des étrangers, sans en être plus riche. Bien des prêtres communiquent aux âmes le trésor des grâces divines sans en profiter pour eux-mêmes.

« Le facteur communique à des étrangers, sous le pli d'une lettre, les secrets les plus importants, les développements scientifiques les plus élevés, et il reste ignorant. Le prêtre communique souvent aussi aux âmes les beautés de la doctrine et de la morale chrétienne, en n'y voyant qu'une lettre close.

« Le facteur devient souvent le trait d'union entre deux cœurs qui s'aiment, et il reste froid et indifférent. De même trop souvent le prêtre est le trait d'union d'amour entre Dieu et les âmes sans que son cœur ressente les ardeurs qui passent par lui de Dieu dans les âmes.

« Remèdes — esprit intérieur — ne pas aimer les choses du monde — réfléchir après avoir parlé aux fidèles sur ce que Dieu m'a inspiré de leur dire. »

Cette continuelle attention à ne point prêcher d'une manière purement objective ne nuisait point à un admirable esprit d'à-propos qui était en l'abbé Reverony. Cet esprit d'à-propos savait prendre toutes les formes, depuis la familiarité la plus extrême jusqu'à l'éloquence la plus émouvante.

A une réunion d'hommes où les ouvriers étaient en grand nombre, il disait : « Je suis franc, franc comme de l'osier; — l'osier, c'est franc, mais ça cingle, ça pique — peut-être que je vais cingler. Vous me le pardonnerez car je vous aime tendrement. J'aime tout ce qui vous touche. Il y a trois choses qui vous touchent de près et que j'aime pour vous : votre bourse, votre santé, votre joie. Eh bien ! je veux vous dénoncer une affreuse voleuse qui ruine votre bourse, votre santé, votre joie : c'est l'ivrognerie. »

Au commencement de la mission de Saint-Pierre, il annonçait ainsi aux enfants de la paroisse qu'une retraite spéciale allait être prêchée pour eux : « Mes chers enfants, vous avez pour la plupart la grâce d'avoir une bonne mère qui vous soigne avec une tendre sollicitude. Quand vous êtes malade, souvent même quand vous ne l'êtes pas, sa tendresse s'inquiète, elle vous entoure de soins plus minutieux que d'usage, puis, son cœur s'alarmant, elle craint de ne pas vous donner tous les remèdes nécessaires... elle fait venir le médecin... Puis, quand le médecin est venu,. s'il a ordonné quelque potion amère, votre bonne mère mettant un morceau de sucre au fond de la tasse vous encourage à boire en disant : « Cela te guérira, bois vite, il y a du sucre au fond. » Eh bien! mes chers enfants, j'ai pris modèle sur vos bonnes mères ; je me suis inquiété, peut-être à tort... J'ai appelé pour m'aider de savants médecins... et avant de vous laisser entre leurs mains, laissez-moi vous dire encore comme vos bonnes mères : Mon petit enfant, faites bien tout ce qu'on vous dira; dites bien le mal dont souffre votre âme, et quand le médecin vous présentera le remède, buvez hardiment, si amer que cela vous paraisse, allez toujours, le sucre est au fond. »

Voici maintenant quelques lignes délicieuses, tirées d'une instruction sur le Carême, adressée à des religieuses : il commente le texte : « *Tu autem quum jejunas, unge caput tuum et faciem tuam lava...* (1) Il y a pour le visage une souillure plus détestable que ce fard de la saleté dont le nom ne peut se dire. Cette souillure, c'est ce masque ou ce sont ces rides de mauvaises humeurs qui ornent les visages maussades ou grognons... voilà ce qu'il faut faire disparaître, laver.

« Pour y réussir il y a une eau ravissante : c'est l'eau d'amabilité. Si je pouvais donc en trouver et vous en donner la recette : on la fait avec l'humilité, la douceur, la patience. Jeter ces ingrédients dans l'âme, les y laisser macérer long-temps, aux rayons du divin soleil de nos âmes, le doux et aimable Sauveur Jésus ; et, de temps en temps, tous les jours, et même plusieurs fois le jour, remuer avec la spatule de la méditation ce mélange afin que les éléments n'en aillent pas au fond, mais se répandent dans l'âme tout entière : tous les élixirs demandent à être agités avant usage. Et quand on se sert de cette eau divine, la parfumer, en l'employant, d'une petite dose de modeste sourire. Avec cette eau plus de visages tristes, moroses, ennuyeux et ennuyés... »

Il fit au mois de juin 1873 le pèlerinage de Paray. « Chacun aujourd'hui, dit M<gr> Baunard, a encore présent à la mémoire ce colossal pèlerinage de Paray-le-Monial, son interminable procession, ses éloquents discours, son autel dressé en amphithéâtre dans l'immense prairie, sa messe solennelle et ses vingt-cinq mille communions, son élite de personnages les plus éminents du pays, les représentants de la nation à côté des évêques et des commandants de corps d'armée, les

(1) Pour vous, quand vous jeûnez, parfumez-vous la tête et lavez-vous le visage.

neuf cent cinquante bannières, la bannière de l'Alsace voilée de noir, la bannière de Belleville et de la rue Haxo portant inscrit : « Pardon, mon Dieu ! » C'était toute la France pénitente d'alors prête à redevenir la France fidèle de demain. »

Revenu à Caen le samedi dans la nuit, l'abbé Reverony voulut, malgré la fatigue du voyage, monter en chaire le dimanche matin : « Je sais la question que vous m'adressez tous intérieurement. Vous me demandez : Qu'avez-vous vu dans votre voyage? *Quid vidisti in via?* Et moi, comme l'heureux témoin de la résurrection du Sauveur, je vous répondrai : J'ai vu la gloire de la France qui se relève, *et gloriam vidi resurgentis...* » et il continua de parler avec tant de feu et d'enthousiasme qu'un paroissien disait n'avoir jamais vu dans l'église semblable émotion.

Le vieux château de Caen se trouve englobé dans le territoire de la paroisse de Saint-Pierre. En ce temps-là, on ne pensait point diminuer la valeur du soldat en lui faisant accomplir officiellement quelques actes de religion envers le Dieu des armées. Au jour de la Fête-Dieu, dans l'enceinte de l'antique forteresse, la procession de Saint-Pierre trouvait, chaque année, un magnifique reposoir formé d'armes de toutes sortes. L'abbé Reverony était heureux de porter aux soldats les bénédictions de Jésus. Mais il ne laissait point échapper cette occasion de leur adresser quelques mots. Il avait adopté la coutume de prononcer, des degrés du reposoir militaire, une petite allocution avant la bénédiction. Son auditoire d'un instant attendait ses paroles avec impatience et les recueillait avec attendrissement. Plus d'une fois, on vit de vieux soldats essuyer leurs larmes en l'entendant. C'est que l'abbé Reverony ne s'exprimait jamais avec plus d'à-propos que lorsqu'il s'adressait aux soldats. Comme il savait les attirer vers Jésus ! « C'est un soldat, disait-il dans une de ces circonstances, c'est un soldat qui a dit au pied de la

croix où Jésus était attaché : Celui-là était vraiment le Fils
de Dieu; c'est un soldat qui a le premier prononcé les paroles
que l'Église vous fait répéter avant votre première communion, et que vous avez répétées depuis avant chaque communion : « Seigneur, je ne suis pas digne que vous entriez
« sous mon toit... » A la dernière procession qui eut lieu
pendant son ministère à Saint-Pierre, il eut des inspirations
particulièrement touchantes : « Mes chers amis, au moment
où nous franchissions le seuil de cette citadelle, si le soldat
de faction nous avait adressé cette question militaire que
vous connaissez tous si bien : Qui vive? nous aurions pu
répondre : C'est Dieu. Et tous, aussitôt vous agenouillant
respectueusement, vous auriez reçu Jésus avec adoration et
avec joie... — C'est avec raison, mes amis, que vous ado-
rez Jésus : Jésus c'est l'ami des soldats; car c'est l'ami de
ceux qui savent obéir, et Lui-même a obéi jusqu'à la mort
sanglante. Et vous, braves soldats, toujours, en temps de
paix comme en temps de guerre, vous êtes esclaves de la discipline ; mais au moment solennel du combat, lorsque le clai-
ron sonne la charge et vous commande d'aller en avant, vous
savez mourir pour votre patrie, et mourir de la mort sanglante. » Et il évoqua le souvenir de la famille absente et
s'unissant de loin aux chers soldats pour adorer Jésus. Sa
voix faisait vibrer toute l'âme de ces hommes.

Du reste, le sacrifice, sous quelque forme qu'il se présen-
tât, recevait toujours de l'abbé Reverony une heureuse inter-
prétation. Il eut souvent à prêcher dans les cérémonies de
vêture et de profession religieuse. Avec quel charme il exposait les étroites obligations de l'âme qui se consacre à Dieu !
Avec quelle délicatesse il peignait la perfection croissante à
laquelle elle se voue ! Sans effort et avec une grâce qui rappelle en plus d'un endroit saint François de Sales, il tirait
tous ces enseignements soit des détails mêmes de la cérémo-

nie, soit d'une comparaison empruntée à la Sainte Écriture. Qu'il expliquait suavement, par exemple, en l'appliquant à l'âme religieuse, cette parole du Cantique : *lilium convallium!*

D'autres fois encore, sans métaphore, dans un langage purement doctrinal, il parlait en maître de la vie spirituelle, de cette vie religieuse qu'il connaissait et qu'il aimait. Qu'on nous permette de citer quelque chose de ces pages sorties de son cœur et qui pourraient servir de matière à plus d'un discours tant elles sont substantielles : il étudie les qualités, les fonctions, les puissances, les tendresses de Jésus, *principe et règle* de la vie chrétienne et religieuse, *Époux* de l'âme consacrée, modèle et *Prêtre* de son sacrifice. « Il y a là tout un monde ; ou plutôt tout est là », dit-il. Puis, s'adressant à une seule âme, ce qui donne quelque chose de plus pénétrant à sa parole, il développe sa pensée (1) :

« 1° Jésus principe de votre vie : esprit de votre esprit, âme de votre âme, source, sève d'une vie nouvelle, surnaturelle, divine ; qui vous donne le droit d'appeler avec vérité Dieu votre Père ; le ciel votre patrie. Qui vous donne aussi le droit et le bonheur de faire sans cesse des actions, non purement humaines, mais divines en même temps qu'humaines, parce que vous n'êtes pas seule à les accomplir, mais que Jésus, principe de votre vie, les accomplit avec vous et par vous, en sorte que proprement, véritablement, écho de la parole de saint Paul, vous devez dire : « Je vis, mais non, « ce n'est plus moi qui vis, c'est Jésus qui vit en moi ! » Ma vie (mon vivre), c'est Jésus-Christ !

« C'est l'effet du Baptême.

« 2° Jésus, règle de votre vie, parce qu'il en est le législateur. Car le but de la loi, c'est d'imposer à notre volonté

(1) Nous avons respecté le texte le plus possible ! Le lecteur s'apercevra que ce ne sont que des notes informes.

une règle qui redresse notre vie et lui donne une direction agréable au cœur de Dieu parce qu'elle la rend conforme à sa divine volonté.

« *a*. L'autorité de Jésus législateur. C'est votre Dieu, aussi sa loi s'adresse souverainement à votre personne tout entière, non seulement pour régler ce qui se voit, mais aussi ce qui n'a que Dieu pour témoin ; ce qui est le résultat de l'activité extérieure de votre vie, mais aussi les dispositions intérieures de votre âme..... Elle s'adresse aussi et surtout, à la détermination de votre volonté qui doit l'accepter et la vouloir sincèrement ; à l'affection de votre cœur qui doit l'aimer généreusement et constamment.

« *b*. La courageuse et condescendante charité de Jésus législateur. C'est Lui-même qui vient du ciel en terre, et au prix de quelles humiliations et de quels outrages et de quels sacrifices, vous apporter, vous dire de sa voix divinement aimable, de son exemple humblement et victorieusement attrayant la volonté de son Père !

« *c*. Les miséricordieuses et insatiables exigences de Jésus législateur. Il vous prend telle que vous êtes, petite enfant avec vos impuissances, mais pour vous faire croître en sagesse, en grâce, et marcher vers une perfection tous les jours plus grande.

« Il vous prend avec de tristes ulcères, mais pour les guérir et y substituer des désirs humbles et brûlants, d'une vie toujours plus pure, toujours plus sainte ! Il vous prend pauvre Marie-Madeleine versant à ses pieds les premières larmes du repentir, mais pour s'emparer de votre cœur et avec lui de toute votre vie, et vous élever tous les jours davantage en humble amour et en généreuse et progressive perfection...

« *d*. Enfin la puissante et douce efficacité de la loi de Jésus. Vous l'avez vu, Jésus ne demande pas la perfection tout d'un coup, par bonds et soubresauts ; mais sagement, pas à pas, partant d'où l'on est pour arriver peu à peu, sans excès, mais sans mollesse ni trêve, à quelque chose de mieux et de toujours mieux.

« Elle est puissante aussi, car la loi de Jésus n'est ni froide, ni morte, mais vivante et chaude, elle sort de son Cœur ; elle porte avec elle une efficacité qui est le résultat du sang de Jésus versé par amour, en sorte que par là même que ce doux Sauveur commande ou demande quelque chose, il donne à l'âme la force et la facilité d'obéir. Et puis cette loi a des intelligences en nous : Jésus législateur commande ; et Jésus principe de notre vie obéit.

« 3° Jésus Époux de votre âme, votre Époux ! C'est la douce réciprocité de l'intimité des cœurs et de la communauté des vies.

« Le Cœur de Jésus, entendez-vous ? Le Cœur de Jésus tout à vous ! Oh ! le grand bonheur pour vous ! mais quelle grande générosité de sa part ! qui a donné son cœur, que peut-il donner ? Mais quelle grande miséricorde ! Car c'est Lui qui vous a choisie ! Et il vous connaissait bien !

« Et ce don de son Cœur, don total, il est durable aussi, et divinement fidèle. Jésus à chaque instant vous donne et redonne la tendresse, les trésors de son Cœur. Mais il veut le vôtre, donné comme il vous donne le sien ! tout entier, à chaque instant, avec toute sa tendresse, tous ses trésors, s'il en avait, du moins toutes ses misères, mais détestées et répudiées ! — Il veut le vôtre anéanti pour faire place au sien ; en sorte qu'il devienne son adorable Cœur, le principe de vos affections, de vos actions, de votre vie !

« Oh ! la merveilleuse fécondité ! Que de pensées, de sentiments, d'actions, d'œuvres pour Dieu, pour sa gloire, pour le salut des âmes, pour l'éternité !

« De votre part et de la part de Jésus quelle douce, respectueuse et tendre familiarité ; quels doux entretiens ; quel

oubli de vous-même pour ne penser qu'à votre Bien-Aimé !
Quel courage pour ne travailler que pour la gloire de votre
Bien-Aimé ! Quelle vigilance courageuse, quelle attentive
générosité pour éviter ou faire tout ce qui pourrait déplaire
ou plaire au Cœur de votre Bien-Aimé ! Quelle docilité pour
accomplir, pour deviner les désirs de son Cœur ! Quelle infa-
tigable et compatissante sympathie pour comprendre ses
tristesses ! pleurer, prier, pardonner avec Lui !

« Heureuse épouse de Jésus !

« 4° Jésus modèle et Prêtre de votre sacrifice. Car vous le
savez, vous le voulez, c'est votre gloire comme votre bonheur : vous êtes victime. Victime avec Lui, victime par Lui,
victime pour la gloire de son Père, pour sa gloire à Lui,
pour les âmes.

« Lui, Il est Prêtre, prêtre de votre sacrifice.

« C'est Lui qui vous a choisie pour être victime : Lui qui
vous a séparée de la foule, conduite dans la solitude, le
silence, la paix de ses parvis, pour vous y préparer au sacrifice, en vous purifiant, en embellissant votre âme de
vertus, en la nourrissant d'un aliment divin, afin que vous
soyez non seulement éloignée, séparée, détachée, dépouillée,
dégoûtée de tout ce qui n'est pas Dieu ou pour Dieu : mais
encore enveloppée, pénétrée, engraissée d'une vie toute
divine et qu'ainsi vous soyez une victime digne de Dieu ! Non
par vous, mais par le choix et la préparation de Jésus !... »

Ces pensées s'appliquent plus directement, sans doute,
aux âmes qui, par état, tendent à la perfection, mais elles
sont vraies encore et pratiques, proportion gardée, pour
toute âme qui comprend le bienfait et les obligations de son
Baptême.

Cette éloquence à parler du sacrifice et de la générosité
faisait de l'abbé Reverony un incomparable prédicateur
d'œuvres.

Il serait trop long de dresser la liste de ces œuvres au service desquelles il mit sa paroles. Nous mentionnerons toutefois ici son beau discours en faveur des soldats français retenus prisonniers en Prusse, et son allocution pour la construction du monastère du Carmel à Caen.

L'ancien aumônier des mobiles devait être un excellent avocat pour les malheureux captifs. Il trouva, pour apitoyer sur leur sort une magnifique assistance, des pensées et des expressions qui allèrent au fond de toutes les âmes et firent couler bien des larmes. Il dépeignait les humiliations de la captivité avec un sentiment de fierté militaire qui remua tout l'auditoire : « ...On a beau être brave, on a beau avoir fait son devoir, s'être battu comme un lion, s'être couvert de gloire : écrasé par le nombre, resserré dans un cercle étroit de feu, il faut parlementer, s'avouer inférieur, sinon en courage, du moins en ressources, en forces, en habilité, demander merci, mettre bas les armes qu'un Français ne sait que porter haut !...

« Oh ! mes frères, qu'il en coûte ! Ce n'est pas un déshonneur, mais c'est une douleur qui amène le rouge au front et la rage au cœur... » Il parla ensuite des amertumes de l'exil. « L'exilé n'a personne de sa famille, ni son père, ni sa mère, ni son frère, ni sa sœur ! Sans doute il aura vos lettres ! il les lira, les relira, les usera à force de les lire, baisera la signature que votre main a tracée ou l'empreinte d'une larme que votre tendresse y a laissé tomber — mais en même temps qu'elles seront une joie, elles seront une tristesse ; car elles lui rappelleront la patrie. » Il présenta ensuite à ses auditeurs le tableau saisissant de la vie matérielle des prisonniers. La cause était gagnée : tous voulurent, dans la mesure la plus large, adoucir la situation des captifs.

Si l'aumônier militaire avait des titres spéciaux à recommander les soldats captifs à la charité chrétienne des Français, il convenait bien à la voix que devaient plus tard si fidèlement écouter les filles de Sainte-Thérèse, de solliciter de pieuses libéralités pour la construction de leur monastère.

Les Carmélites étaient venues s'établir à Caen dans le cours de l'année 1868. Elles étaient au nombre de quatre. Elles logèrent d'abord dans une petite maison étroite et incommode où elles ne purent trouver place que par des prodiges d'aménagement, surtout quand, après peu de temps, leur nombre se fut accru. Mais dévouées à Jésus, elles ne voulurent point penser à elles-mêmes avant que la Sainte Eucharistie n'eût une chapelle convenable. Alors seulement, elles demandèrent à la charité chrétienne de leur donner des cellules où elles eussent l'air et la lumière en assez grande abondance, pour que leurs jours ne fussent pas en danger. L'abbé Reverony fut leur porte-parole.

La cause, à coup sûr, n'était pas de celles qui sont en faveur dans notre temps, même auprès d'un assez grand nombre de catholiques. En ce siècle utilitaire, et d'où la notion et surtout le sentiment du surnaturel sont absents, les ordres purement contemplatifs trouvent peu d'estime, quand on veut bien encore leur pardonner leur inutilité, et d'ailleurs les pénitences et les austérités du cloître sont mal appréciées par une société qui ne cherche que la jouissance.

L'abbé Reverony sut à merveille montrer combien l'existence de ces inutiles est dans l'intérêt de tous, de ceux surtout qui, « après avoir offensé Dieu, provoqué les rigueurs de sa justice, trop souvent, trop longtemps, vivent sans pleurer leurs fautes, et sans demander leur pardon. »

Puis quand il vit son auditoire impressionné par le tableau de ce dévouement, il s'écria : « Eh bien ! que votre reconnaissance soit généreuse. Nos Carmélites, en arrivant dans notre ville, ont d'abord, avant tout, pensé à Dieu et à vous. Pour Dieu, elles ont élevé ce sanctuaire, pour vous, cette humble chapelle, afin que vous puissiez quelquefois venir prier à côté d'elles, écouter les accents si profondément pieux de leur chant ou de leur psalmodie. Quant à ce qui les touche personnellement, elles n'y ont pas songé encore : elles s'abritent comme elles le peuvent dans cette petite maison dont elles ont divisé et subdivisé les appartements à mesure que leur famille s'est accrue. Leur situation n'est plus seulement pénible, elle est dangereuse. Oh ! ce que nous vous demandons pour elles, ce ne sont point des bâtiments luxueux : mais pour chacune, une petite cellule toute resplendissante de pauvreté, tout embaumée du parfum de la pénitence, afin qu'elles puissent y passer avec ferveur une vie qu'elles immolent pour vous. Ce sont des anges, mais des anges qui, grâce à Dieu, doivent demeurer quelque temps sur la terre. Qui de vous ne serait heureux de donner à l'un de ces anges l'hospitalité ?... La sœur du Carmel ne peut vous accorder cette faveur, elle ne quitte point sa solitude. Cependant si vous lui donnez sa pauvre cellule, elle y sera à la fois chez elle et chez vous : chez elle, puisque vous la lui aurez donnée, chez vous, puisque c'est de votre charité qu'elle l'aura reçue. Et les murs de cette cellule, devenus les échos de sa prière, de ses mortifications, prendront une voix pour redire sans cesse à Dieu le nom du chrétien généreux qui les aura bâtis de ses aumônes. Nos chères Carmélites pourront ainsi, grâce à vous, continuer de vivre comme elles ont vécu jusqu'ici, unissant dans leur cœur l'amour du Seigneur et des âmes, fidèles jusqu'au dernier soupir à leur noble devise : la gloire pour Dieu, la peine pour elles, le profit pour leurs frères. »

J'ai cité largement les discours de l'abbé Reverony, afin de bien montrer tout ce qu'il y avait dans son éloquence d'à-propos parfait, d'élan plein de zèle et de générosité, d'enthousiasme vrai, de sentiment exquis, de dignité de langage. Toutes ces qualités donnaient à sa prédication un caractère profondément apostolique, et celui-là ne s'était pas trompé qui avait écrit de lui : « Un orateur nous est né, mieux que cela, un apôtre. »

Or, la prédication apostolique par excellence, c'est la prédication des missions et des retraites. L'abbé Reverony, surtout lorsque sa nomination aux fonctions de grand Vicaire l'eut affranchi des contraintes qu'impose le ministère paroissial, se dévoua corps et âme à cette œuvre.

Il prêchait des retraites, ici, aux enfants d'un collège, là, plus spécialement à des enfants se préparant à la première communion. Ailleurs, il donnait, pendant plusieurs jours de récollection, des enseignements aux membres d'une confrérie pieuse, telles que les conférences de Saint-Vincent de Paul ou l'Association des Mères chrétiennes : parfois il donnait les exercices de la retraite à une paroisse entière ; souvent il traçait la voie à des religieuses qui cherchaient, dans une semaine de recueillement plus profond, de nouvelles ressources pour leur perfection. Aux uns comme aux autres, il disait exactement ce que comportaient les circonstances de temps et de personnes. Ce désir de se mettre toujours en harmonie parfaite avec son auditoire l'amena même à faire composer quelques cantiques spéciaux pour une retraite qu'il prêchait aux malades de l'Hôtel-Dieu de Bayeux.

Mais ce qu'il aimait par-dessus tout, c'était le ministère des missions proprement dites.

Ces travaux ne laissaient pas que de lui créer un surcroît d'occupations. Ce résultat se produisait d'autant plus infailliblement qu'il ne savait jamais résister à une demande de ce genre. A la fin d'un carême, durant une partie duquel il avait été fatigué par une bronchite, il écrivait « ...Donc le carême avançait, l'aumônier de l'Hôtel-Dieu vint me demander au nom de ses malades une petite retraite : je la commençai le dimanche de la Passion. L'aumônier du collège voulut une semaine d'instructions pour ses garnements. Je connais cette race : je ne pouvais refuser, et je greffai le collège sur l'Hôtel-Dieu. Restaient les soirées libres. Le curé d'une petite paroisse des environs de Bayeux vient me les demander : je ne puis refuser... »

La santé de l'abbé Reverony reçut de toutes ces fatigues un pénible contre-coup, mais quel bien il eut la consolation d'accomplir !

Suivons-le dans quelques-unes de ses missions.

A Argences, il groupe, dès le premier jour, un auditoire nombreux. Les confessions tardent un peu, mais enfin elles commencent : les hommes viennent encore le matin même du jour où repart « le pauvre missionnaire improvisé ». La nouvelle du bien qui s'est produit se répand dans le diocèse. L'abbé Reverony écrit : « Je crois qu'un vrai missionnaire aurait bien réussi. »

A Saint-Pierre-sur-Dives, la belle église construite par les moines se prête admirablement aux nombreuses réunions : son enceinte suffit à peine néanmoins à contenir les fidèles qu'y attire la parole de l'abbé Reverony, et plusieurs fois le chœur et la grande nef sont complètement remplis d'hommes. L'abbé Reverony se multiplie. C'est, assis auprès du confessionnal, qu'il répond à la hâte aux nombreuses lettres qui lui arrivent, interrompant à tout instant son travail pour faire bon accueil aux pénitents qui se présentent. Le soir, avant de prendre un repos bien mérité, il passe de longs moments à combiner avec le dévoué curé et le zélé vicaire tout ce qui concerne les exercices du lendemain. L'entrain est admirable, les cérémonies sont splendides. Un petit incident porte à son comble l'autorité et la popularité du prédicateur.

Il parlait un soir du courage que donne la foi en face du péril. En 1870, à Fretteval, racontait-il, nos troupes avaient soutenu contre les Prussiens une lutte acharnée. Les morts et les blessés étaient nombreux. Les derniers soldats français venaient d'abandonner le terrain et les Prussiens n'avaient pas encore cessé le feu. Cependant, les Sœurs de Saint-Vincent de Paul parcouraient le champ de bataille afin de venir en aide aux blessés. L'une d'elles relevait un jeune soldat dont les jambes étaient broyées : « Allons, lui disait-elle, courage, vous guérirez. » Au même instant, tombe près d'elle un obus dont un éclat lui brise la poitrine et la couche morte à côté du mourant qu'elle tenait dans ses bras. « Sublimité de l'héroïsme produit par la foi ! » s'écriait l'abbé Reverony.

Or, comme il descendait de chaire et regagnait la sacristie, un ouvrier sortit des rangs et vint à lui : « Monsieur l'abbé, dit-il, permettez-moi de vous embrasser. — Volontiers, mon ami. » Et ils s'embrassèrent. « Ah ! Monsieur, reprit l'ouvrier, j'étais à Fretteval et j'ai vu ce que vous venez de raconter et j'en suis tout ému. Mais pourquoi n'avez-vous pas dit que vous aidiez à porter le blessé auprès duquel la sœur est tombée ? vous n'avez pas voulu parler de votre courage, mais moi j'en parlerai, car vous êtes un vrai brave. » Et quand, l'exercice achevé, tout le monde sortit de l'église, on fit cercle autour de l'ouvrier qui répéta et compléta le récit et conclut par cette réflexion : « Allez, mes amis, celui-là a de beaux états de service. »

On juge aisément de l'impression qu'un tel fait dut produire. Aussi les fruits de la mission furent-ils extrêmement abondants. Quand, dans la suite, on en parlait à l'abbé Reverony, l'humble prêtre se contentait de répondre : « Oui, le bon Dieu a été bien bon. » Mais volontiers il redisait un trait relatif à cette mission. Le jour de la clôture, un brave homme qui s'était converti vint présenter au prédicateur un petit pot de miel : « Si j'étais riche, je vous donnerais bien mieux, mais je n'ai que cela pour vous remercier : prenez-le. — Je l'ai pris, disait l'abbé Reverony, si j'avais refusé, je lui aurais fait de la peine. » La simplicité de cette démarche d'un pauvre paysan ne dit-elle pas éloquemment à quel point le missionnaire avait su gagner le cœur de cette population ?

La ville épiscopale ne devait pas être privée des bienfaits qu'apportait avec elle la parole apostolique du grand vicaire de Bayeux. L'abbé Reverony prêcha le carême à la cathédrale en l'année 1882. Ce fut assurément un spectacle nouveau que celui du doyen du vénérable Chapitre descendant des hauteurs sereines de sa stalle pour devenir missionnaire dans toute la force du terme. A chaque exercice, on voyait l'abbé Reverony parcourant l'église, distribuant et faisant distribuer à tous de petites feuilles contenant les cantiques qui allaient être chantés le jour même, et quelque bonne pensée qui devait demeurer comme le fruit de l'instruction ; animant le chant des cantiques de la voix et du geste. Puis, quand l'heure de l'instruction était arrivée, il se dirigeait vers la chaire en toute simplicité. Les vieux rédacteurs des vieux coutumiers durent tressaillir dans leurs tombeaux, s'ils connurent cet abandon de toute la solennelle étiquette qui, dans l'antique église épiscopale, préside aux moindres mouvements avec une autorité séculaire. Et assis dans cette chaire, l'abbé Reverony commençait, sur un ton de bonhomie, une glose familière dans laquelle il anéantissait une à une les objections que l'on oppose le plus ordinairement à la pratique de la religion. A la tournure qu'il y donnait, on reconnaissait l'ami de Mgr de Ségur. Il ne

Intérieur de la cathédrale de Bayeux.

craignait pas de s'abandonner aux saillies de son esprit, ce qui communiquait à ces gloses une allure et un intérêt peu communs. Un jour, il parlait de la confession : « Mes amis, disait-il aux hommes, il faut absolument que vous vous confessiez. Vous allez me répondre ce que l'on répond quelquefois, que votre examen de conscience est trop difficile à faire. Une petite fille pressait son père de se confesser, et il se retrancha aussi derrière cette difficulté. La petite fille reprit : « Eh bien ! papa, je t'aiderai. » Pauvre enfant, elle ne savait ce qu'elle disait. Non, mes amis, vos petites filles ne peuvent pas vous aider à faire votre examen de conscience ni vos femmes non plus. Mais choisissez un confesseur et il vous aidera bien. » Après ces gloses venait l'instruction dans un genre un peu plus élevé, mais toujours simple. Et cependant l'attraction exercée par le prédicateur était si puissante, qu'à chaque exercice les vastes nefs se remplissaient d'auditeurs.

Se souvenant des résolutions de ses retraites d'ordinations, il parla d'abord de Notre-Seigneur. Il le montra Sauveur, Docteur, Législateur. Il parla des fins dernières de l'homme et, sans sortir de son plan général, les fêtes qui se présentaient offraient à son zèle des applications pratiques dont il tirait un merveilleux parti. C'est ainsi qu'il montra saint Joseph comme le modèle des chefs de famille dans leur ministère de protection, de direction, d'éducation. Il parla aussi de la Très Sainte Vierge Marie qu'il aimait tant et de la Croix qu'il savait porter le cœur serein et l'âme en paix. « Par Testament de Notre-Seigneur sur la croix, dit-il, nous avons une Croix, nous avons une Mère.

« *Stabat juxta crucem Jesu mater ejus* (1). Quel spectacle ! sur les hauteurs du Calvaire une croix, entre les

____

(1) La Mère de Jésus se tenait près de la croix.

bras de laquelle est suspendu notre adorable Sauveur Jésus !

« Et au pied de la croix regardant, à travers ses larmes, son divin Fils qui agonise et qui expire, la Très Sainte Vierge Marie !... sa Mère !

« Ah ! qui ne sentirait dans son cœur un sentiment de profonde commisération et de compassion pour la Très Sainte Vierge.

« Et pourtant ce n'est pas là précisément ce que je viens vous demander ce soir.

« La Très Sainte Vierge Marie, je prétends vous la montrer debout encore près d'une croix ; mais non pas près de la croix de Notre-Seigneur Jésus-Christ ; — debout près de notre croix à nous-mêmes, car ne l'oublions pas, en même temps que Notre-Seigneur expirait sur la croix, Il nous a donné sa Mère pour qu'elle devînt la nôtre ; en même temps il nous a donné aussi la croix. La croix et la Très Sainte Vierge Marie, voilà les deux grands présents que Notre-Seigneur nous a laissés en mourant.

« Oui, nous avons une croix, tous ! Qu'est-ce que nous en devons faire de cette croix ? — Nous avons une mère, la Très Sainte Vierge Marie, qu'est-ce que nous en devons attendre de cette Mère ? » — C'est avec son cœur d'apôtre, de fils de Marie qu'il répond à ces deux questions.

Le dimanche des Rameaux eut lieu, dans l'intérieur de l'église, une procession du Saint-Sacrement en amende honorable de toutes les injures dont Notre-Seigneur est victime dans l'Eucharistie. Il avait pris pour texte les paroles de Marthe à Madeleine : *Magister adest et vocat te* (1). Il voyait dans Lazare l'image des pécheurs, pour lesquels les fidèles venaient prier, réparer.

(1) Le Maître est là et il vous appelle.

L'assistance était si compacte dans les trois nefs, que le clergé avait peine à passer. Et toute cette foule était pieusement recueillie, et elle unissait ses voix aux chants sacrés avec un merveilleux ensemble. Ceux qui eurent le bonheur de prendre part à cette cérémonie ne l'oublieront jamais. Quand la procession fut terminée, l'abbé Reverony regagnant sa place dans sa stalle, afin d'assister au salut, quelqu'un l'entendit alors murmurer en regardant le Saint-Sacrement : « O mon bon Maître, je n'en puis plus ! » Et néanmoins, tout aussitôt, il reprenait son poste pour le chant du cantique final, et, après que la multitude se fut écoulée, il s'asseyait au confessionnal pour une longue séance. Là, il est vrai, il recueillait le prix de ses fatigues. Les résultats du Carême répondirent à l'enthousiasme qui s'était manifesté.

Quel exemple donnait aux jeunes lévites du séminaire, témoins de ces magnifiques réunions, le Vicaire général du diocèse se dépensant ainsi tout entier pour les âmes, et les ramenant nombreuses au bercail du divin Pasteur !

Du reste, l'abbé Reverony ne se contentait pas de prêcher lui-même des missions et des retraites. Il encourageait la prédication. Il avait une bienveillance marquée pour les prêtres du ministère paroissial qui, sans négliger leurs devoirs ordinaires, s'adonnaient à ce ministère extraordinaire ; il leur donnait volontiers des conseils, les soutenait par de bonnes paroles, usait largement en leur faveur de tous les pouvoirs que lui conféraient ses lettres de Vicaire général : il faisait plus encore ; il venait pécuniairement au secours des missions par des aumônes quelquefois très larges, toujours proposées avec une aimable affabilité, toujours accompagnées d'un mot affectueux et de cette expression de regret : « Mon cher ami, je voudrais être plus riche pour vous donner davantage. » Il était ensuite fort heureux d'apprendre que la mission avait réussi : quelles bonnes lettres il écrivait alors ! Et si le succès n'avait pas été tel qu'on le souhaitait, il avait encore des mots charmants pour empêcher que le découragement survînt.

C'est ainsi que l'abbé Reverony méritait véritablement d'être appelé « un apôtre ».

CHAPITRE X

Le Directeur des personnes du monde.

Si les prédications de l'abbé Reverony exercèrent une
attraction puissante et une influence considérable, sa direction
fut peut-être plus fructueuse encore. Il avait ce quelque chose
d'achevé, d'équilibré que donne la sagesse et qui inspire la
confiance. Sans nuire à sa bonté, virile et toute surnaturelle,
son regard et ses lèvres surtout, avaient une telle finesse
d'expression, qu'on sentait qu'on serait compris, deviné même.
Aussi vit-il un très grand nombre d'âmes venir chercher auprès de lui conseil et direction. Riches et pauvres, justes et pécheurs rencontraient le même accueil, le même dévouement.
S'il eut des préférences, elles furent pour les âmes blessées
qui demandaient une charité plus attentive encore. Quand le
bon Dieu se servait de son ministère pour absoudre un pécheur, avec quelle énergique tendresse il pansait ses blessures ! Il ne cherchait pas à consoler la pauvre âme en
diminuant à ses yeux la grièveté de ses fautes, oh non ! il
les lui montrait dans toute l'étendue de leur ingratitude —
l'ingratitude le frappait particulièrement dans le pécheur —
il posait l'âme en quelque sorte en face de son péché, lui en
faisait comprendre les funestes conséquences : alors seulement il la jetait dans les bras et sur le Cœur de Dieu, de
ce Dieu pour lequel c'est une joie de pardonner. Il était
rayonnant, quand il avait donné à une âme la foi à l'amour
et au pardon de Dieu. Il parlait de la miséricorde de Jésus

avec un tel accent, qu'il semblait lui devoir tout ce qu'il était, son humilité le laissant toujours au rang des pécheurs. Un jour qu'il avait rendu la paix et la confiance à une âme, elle s'écria : « Quelle grâce, mon père, de vous avoir rencontré ! » — « Quelle grâce, reprit-il en toute simplicité, celle d'avoir rencontré un pécheur qui sait ce qu'est le péché ! »

Il aimait ce ministère de la direction dans lequel il excellait, il y consacrait de longues heures et il l'exerçait avec le désintéressement le plus absolu : « C'est Notre-Seigneur qui dirige, disait-il, nous ne devons que prêter la main, autant qu'il le permet, à sa direction, en respectant absolument l'action divine dans l'âme ». Il tenait avant tout à la liberté et au bien des âmes. Une personne lui écrivait son regret de n'avoir pu le rencontrer au confessionnal depuis assez longtemps et avouait qu'à cause de cela elle avait différé de se confesser.

« Il ne faut pas, répondit-il, laisser votre âme en souffrance, et puisque les circonstances ne vous permettaient pas de trouver votre confesseur ordinaire, vous auriez dû courageusement vous adresser à un autre. Notre-Seigneur aurait béni cet effort. »

Au moment où il quittait Saint-Pierre, quelqu'un lui exprimait le regret d'être privé de sa direction : « Qu'importe, répondit-il, qu'on aille au ciel par le train **2752** ou par le train **2788**, pourvu qu'on arrive ? — Oui, mais il y a les trains express et les trains omnibus. — Il y a même un rapide : c'est celui qui a pour guide la volonté de Dieu : celui-là, hâtez-vous de le prendre, car tous vos raisonnements vous font marcher machine en arrière. »

Ce désintéressement personnel, l'abbé Reverony le puisait dans le respect des âmes. « Il faut aborder toute âme avec respect. Si abaissée qu'elle paraisse être, elle est toujours l'image de Dieu, et quand on pense que, nous prêtres, nous avons cette gloire immense de pouvoir restaurer cette image dans les âmes, et lui rendre son éclat primitif !... Oh ! comme nous devons les attendre avec patience, les recevoir avec douceur, les toucher avec respect !... Ce respect senti par l'âme la relève déjà à ses propres yeux ; elle se sent, sinon grande, du moins capable de le devenir. Oh ! qu'il est malheureux celui qui par brusquerie éteint la mèche qui fume encore ! »

« Et puis, ajoutait-il, tout homme a son bon côté, un point vulnérable pour le bien ; il faut rechercher ce point, y pénétrer, rendre à cet homme confiance en lui-même, et peu à peu le point s'agrandit, le bien s'étend et gagne cet homme qu'il replace sous le domaine de Dieu. »

De tels procédés lui ménageaient près des âmes les plus endurcies un accueil favorable. La sainteté de sa vie, autant et plus que la loyauté de son caractère, inspirait une entière confiance et il dut à cet heureux assemblage de sentiments surnaturels et de vertus solides, de belles conquêtes dans l'ordre du salut. On en verra ici avec plaisir plusieurs exemples.

Un homme à l'âme ardente, à l'imagination impétueuse, s'était égaré dans la débauche. Il avait eu la foi, il en gardait encore quelques lueurs. Hélas ! lui-même écrivait plus tard :

> « Et quand parfois mon cœur, saturé de tristesse,
> Se prenait à songer au moment de la mort,
> Dans mon verre, à grands flots, je déversais l'ivresse
> Pour noyer le remords. »

Ce malheureux avait une mère chrétienne qui pleurait sur lui et priait pour lui, mais qui crut devoir l'abandonner à ses propres ressources, et alors sans travail, sans abri, presque sans pain, il vint à Caen. Là, il tomba malade. Les sœurs de la Miséricorde lui apportèrent leurs soins. L'une d'elles surtout sut faire entendre à son âme des paroles bienfaisantes. L'abbé Reverony fut appelé. Il put voir jusqu'au fond de cette âme, il la releva, la purifia et peu de temps après le grand pécheur devenait un grand pénitent. Le nouveau converti prit le chemin d'un monastère de Trappistes. Il écrivait en même temps à sa mère la nouvelle de son retour à Dieu et celle de son départ pour le monastère, ne se donnant même point la consolation d'aller la voir, de peur d'être détourné de son généreux désir d'expiation.

Au mois de mai 1886, un homme qui a laissé un certain nom dans la science médicale, le Dr Denis Dumont, se mourait à Surtainville (au diocèse de Coutances). Quoique ne s'étant jamais montré systématiquement impie, et s'étant même toujours plu à témoigner un certain penchant pour les cérémonies religieuses, le docteur n'avait pas eu une vie chrétienne. Il n'avait pas tout à fait désappris le chemin de l'église, surtout de sa petite église de Surtainville où on le voyait toujours le dimanche, chaque fois qu'il allait visiter sa famille, et où il chantait au *Credo* de toutes ses forces, mais il avait totalement oublié le chemin de la Sainte Table. Il avait autrefois visité comme médecin l'abbé Reverony. Le curé de Surtainville eut l'idée de prévenir celui-ci. Aussitôt le Vicaire général de Bayeux accourut. Installé au chevet du malade, il lui rend tout d'abord les services que réclame sa maladie. Bientôt le mourant réclame du charitable prêtre des services d'un autre ordre. L'entretien fut long. Quand il fut terminé, l'abbé Reverony donna au malade le sacrement d'Extrême-Onction. « Quel dommage, disait-il, que l'on ne puisse lui porter la Sainte Communion ! Il le désire tant ! mais des vomissements répétés ne le permettent pas. » Et il ajoutait : « Après sa confession le bon docteur était si joyeux qu'il a chanté son *Credo* comme il le chantait autrefois. »

Privé de la consolation d'assister aux funérailles de son cher docteur, l'abbé Reverony redisait combien cette mort l'avait édifié, et combien il était heureux de savoir son ami sur le chemin du ciel.

Mais au premier rang de ces conversions opérées par l'abbé Reverony, se place, du moins par l'importance du personnage (encore que la haute situation selon le monde ne fasse pas la grandeur devant Dieu), celle du célèbre jurisconsulte Demolombe. Celui-ci, qui s'était honoré en professant publiquement un grand respect envers la religion catholique et notamment en revendiquant énergiquement contre les trop fameux décrets les droits des ordres religieux, avait le malheur de ne point vivre conformément aux maximes chrétiennes. La maladie vint l'avertir que sa fin était proche. L'abbé Reverony était alors Vicaire général. Demolombe avait été son maître à l'école de droit ; il était devenu son ami et il n'avait négligé aucune occasion de marquer à son ancien élève ses sympathies. Il voulut lui montrer mieux encore à quel point il l'estimait. Le 2 février 1887, l'abbé Reverony, accablé de douleur, revenait de rendre les derniers devoirs à son oncle, M. Anatole de Vendeuvre : la veille, avaient eu lieu les funérailles de son père. On peut aisément se figurer quel besoin il avait de calme et de repos. Il est informé que Demolombe désire le voir. Aussitôt il se rend près du malade qui l'accueille avec bonheur et lui dit : « Je fus autrefois votre maître ; soyez à votre tour le mien : vous me réapprendrez mon catéchisme que j'ai oublié. » Et pendant un mois que son ancien professeur vécut encore, l'abbé Reverony l'entoura des soins spirituels les plus assidus. Ils repassèrent ensemble les principales vérités de la religion et le malade fit à son saint catéchiste les suprêmes aveux par lesquels le chrétien se prépare à bien mourir.

Or, pour moins parler à l'imagination de ceux qui en lisent

l'exposé, l'action de l'abbé Reverony près des âmes déjà entrées dans la vie chrétienne n'était pas moins efficace.

La finesse naturelle de son esprit, augmentée et transformée par les lumières de la grâce, lui donnait une pénétration et un discernement remarquables. Une personne, qui se trouvait dans une situation extrêmement délicate, alla un jour vers lui à la suite d'incidents pénibles, afin de trouver un peu de calme. A peine le récit de ces incidents était-il commencé que lui-même l'achevait au grand étonnement de cette personne. C'était à se demander s'il n'avait point eu, par une autre voie, des renseignements que certainement il n'avait pas reçus. Lui-même, qui, pourtant, parlait si peu de lui, ne dissimulait pas toujours cette faculté de lire en quelque sorte dans les consciences, quand il pouvait espérer par là diminuer les difficultés qui empêchaient une âme de se donner à Dieu : « ...Bon gré mal gré, il faudra que nous lisions ensemble toutes les pages de votre cœur. Cela ne sera pas aussi difficile que vous le pensez : d'abord parce que nous le ferons pour l'amour de Notre-Seigneur, et puis parce que je me souviens qu'étant enfant, j'eus le premier prix de lecture dans les manuscrits : et il y en avait de bien plus difficiles à déchiffrer que votre cœur. »

A cette clairvoyance il joignait un dévouement absolu aux âmes qui se confiaient à lui. Il priait pour elles : sa règle était de les recommander chaque matin au saint Sacrifice. Leurs joies étaient ses joies, leurs peines ses peines. Il poussait l'attention jusqu'à noter par écrit les dates heureuses ou malheureuses qui les intéressaient. Et quand les anniversaires revenaient, il n'oubliait pas de marquer d'un mot la part qu'il y prenait.

L'année qui précéda sa mort, trop souffrant au mois de juillet pour écrire lui-même, il prit pour secrétaire une de ses nièces :

« Le bon Dieu aime et bénit les âmes charitables. Il écoute volontiers les prières de ceux qui souffrent, lui dictait-il, je suis donc content d'être souffrant, puisque je prie pour vous, content aussi de votre charité pour moi. Veuillez le dire à ceux qui prient avec vous.....

« .....La fête de votre saint Patron n'a pas passé inaperçue : sans pouvoir vous le dire, je l'ai beaucoup prié pour vous : je lui ai demandé de vous obtenir toutes sortes de grâces de perfection. »

Si le bien de quelque âme demandait davantage, il n'hésitait pas à se l'imposer.

Une personne avait à faire un petit voyage d'une heure en chemin de fer. Elle craignait la rencontre de quelqu'un dont la présence et les paroles pouvaient lui être extrêmement pénibles. Elle confia ses anxiétés à l'abbé Reverony. « N'ayez pas peur, répondit-il, je vais prier de tout cœur pour que tout se passe bien. » Le jour du départ vient. A l'heure du train, l'abbé Reverony était à la gare. Sans rien dire, il salue la voyageuse, prend place dans son compartiment et dit son bréviaire. On arrive à la station. La rencontre redoutée n'avait pas eu lieu. La voyageuse trouvait à la gare bonne et sûre compagnie : elle était hors de danger. Mais quelle ne fut pas sa surprise de voir l'abbé Reverony descendre du train ! « Permettez-moi, Monsieur le Curé, lui dit-elle, de vous demander si vous vous rendez à X***? — Non, fit-il, je reprends le prochain train pour Caen. Je suis venu parce que j'étais inquiet. Vous voilà en sûreté. Remerciez Dieu. »

Tout ce dévouement n'avait qu'un but : obtenir des âmes beaucoup pour Dieu. Il voulait que ses rapports avec elles s'établissent tout d'abord sur le terrain du travail pratique de la vie chrétienne. Qui venait vers lui pour s'occuper des mille futilités de l'amour-propre se trouvait arrêté par ce mot : « Allons, parlons de choses sérieuses. » De même, il ne voulait pas de cette piété effervescente faite de désirs ardents et d'élans magnifiques, mais stérile en luttes intérieures. « Mon Père, lui disait une bonne âme, j'ai soif du ciel ! Je voudrais mourir pour aller au ciel ! parlez-moi du ciel ! — Parlons d'abord, répondit-il, de ce que vous devez faire pour aller au ciel : c'est plus utile. »

Dans ce travail de la vie chrétienne, ce qu'il voulait voir dominer par-dessus tout, c'était la confiance : « Vous me faites l'effet d'une petite plante qui ne demande qu'à pousser et à fleurir : mais la terre est si sèche, si aride, que tous vos efforts sont nuls... Il vous faudrait quelques gouttes d'eau... de la confiance ! » Une autre fois, il écrit : « Confiance, confiance ! ne raisonnez pas trop, ne cherchez pas à comprendre, abandonnez-vous à Jésus les yeux fermés, le cœur aimant... » Et encore : « J'ai aujourd'hui à vous gronder, d'abord de l'exagération avec laquelle vous vous imaginez n'être bonne à rien, mener une vie inutile et sans fruit. C'est une manière bien peu chrétienne d'envisager la situation. Est-ce que ce n'est pas Notre-Seigneur qui vous a amenée là où vous êtes ? Ne vous attribuez rien, mais regardez-vous comme l'instrument, ou plutôt comme l'enfant de la Providence..... »

Voici dans le même sens un passage tout à fait accentué d'une de ses lettres : « D'abord et par-dessus tout, je voudrais vous convertir : vous décider à lever résolument, en même temps qu'humblement, les yeux vers le ciel et à ne plus les en détourner. Vous le pouvez ; vous le devez : il le faut. Qu'est-ce qui du mauvais larron en a fait un bon, un excellent ? Ce n'est pas autre chose que ce regard confiant et suppliant vers la croix, vers le Paradis. Le Paradis ! *Tu y seras ce soir avec moi,* lui dit Notre-Seigneur. Oh ! le doux Sauveur ! Il nous dit la même chose. Ne faites donc pas tant de cérémonies. Consentez à l'entendre et à le croire ! Me

supposez-vous assez bête ou assez téméraire pour vouloir
vous tromper ?..... vous ménager une cruelle déception ?.....
Non, je parle au nom de la miséricordieuse autorité de
Notre-Seigneur, au nom de son impérieuse bonté. »

Il exprimait ce sentiment sous tant de formes, que je ne
puis m'empêcher d'en rapporter encore une : « Nous irons
au ciel, disait-il, pour glorifier éternellement la miséricorde
du bon Dieu. Pendant toute l'éternité, les anges et les saints
diront : Voyez et admirez l'œuvre de la miséricorde toute-
puissante de notre Dieu : de rien, de moins que rien, de
pauvres pécheurs elle a fait des élus. Oh ! tressaillons de
joie à cette espérance et comptons sur ce miracle de la miséricorde. »

Une telle doctrine l'aidait considérablement à combattre
les scrupules au sujet desquels il écrivait : « Surtout, pas
de scrupules. Ils déplaisent à Notre-Seigneur et dessèchent
l'âme. De la largeur, de la confiance, des communions faites
avec joie. »

C'est par les mêmes principes qu'il maintenait ou ramenait
le calme dans les âmes troublées. « Vous êtes aux prises
avec une terrible tentation !... une tentation que vous avez
provoquée par vos imprudences !... une tentation qui en est
peut-être le châtiment en même temps que le résultat !...
tout cela est vrai, mais ce qui est vrai aussi, c'est que ce
n'est qu'une tentation qui ne prouve pas du tout que Dieu
vous ait abandonné ; au contraire, puisqu'il vous l'envoie
pour vous montrer combien on est malheureux loin de Lui,
et vous donner le moyen de revenir à Lui et de réparer le
passé... »

Si la tentation amène le relâchement ou même la chute,
il veut encore que l'âme conserve un calme confiant. « Vos
tentations ne m'étonnent pas, ni même vos faiblesses. Tout
cela ne prouve pas que vos résolutions passées n'aient pas

été bonnes. Hélas ! nous sommes si misérables que rarement, presque jamais, la persévérance ne consiste à ne jamais tomber ; mais bien à se relever toujours et bien vite quand on s'est laissé choir. »

Enfin, quand les consolations manquent et que leur absence jette l'âme dans le désarroi, il écrit : « Bénissez Dieu et tenez-vous absolument tranquille. Ces consolations, Dieu les donne quand il veut ; il faut savoir les attendre et au besoin y renoncer. Tenez-vous donc dans le calme, consolée par la pensée qu'offertes généreusement au bon Dieu, les ténèbres dont vous souffrez peuvent être et sont grandement profitables à vos intentions. »

Ce serait d'ailleurs se méprendre étrangement que de voir dans l'abandon à la miséricorde de Dieu, que recommandait l'abbé Reverony, une affinité quelconque avec le repos intérieur des quiétistes. Nul plus que lui n'a poussé les âmes à la lutte intérieure. Il disait « que nous arriverions au ciel couverts de la sueur de nos efforts ». Il voulait une énergie soutenue et réprimandait sévèrement la lâcheté quand il l'apercevait dans une âme : « Vous voilà aux prises avec une crise que je prévoyais, que j'attendais même : elle commence, c'est le moment d'y remédier. Je veux parler de la lâcheté. Prenez garde ; si vous vous y laissiez aller, il en résulterait des conséquences déplorables. »

Et de fait, à quiconque suit ses avis il faut du courage. Le grand ennemi qu'il veut tout d'abord terrasser, c'est l'orgueil. Il le poursuit impitoyablement. « Il y a dans votre âme une plaie à guérir, ou elle vous emporterait. Cette plaie, ne m'en veuillez pas de vous le dire, c'est un orgueil considérable, profond, subtil, d'autant plus redoutable qu'il a pris dans votre esprit la forme d'un idéal rêvé, caressé, mais désespérant, précisément parce qu'il est un mirage d'orgueil. » Contre cet ennemi, l'ironie paraît une bonne arme :

« Prenez garde à votre orgueil, il vous créerait des préoccupations dignes d'un enfant de quatre ans. » Il tâche surtout de lui ôter son auxiliaire, qui est la louange extérieure, et il indique en ces termes le moyen d'y réussir : « Quand le matin on a consacré ne fût-ce que dix minutes à se considérer attentivement, on finit par voir ses imperfections, ses faiblesses, ses penchants mauvais, sa misère, son néant, son impuissance... si bien que lorsque, ensuite, on rencontre quelqu'un qui nous offre l'encens de quelque louange, on est bien tenté de rire ou d'éternuer. Et si on n'éprouve pas cette précieuse tentation au moment même, au moins le lendemain, quand on replonge son âme dans la méditation, on en détache sans effort cette salissante vanité. »

Il voulait aussi que l'âme, travaillant à vaincre son orgueil, ne l'entretînt point par une trop grande recherche extérieure. « Donnez le bon exemple d'une toilette modeste ; c'est un sacrifice à faire : faites-le. Est-ce que Notre-Seigneur méprisait les gens simples ? »

Et pour ne point étioler l'âme sous prétexte de la réformer : « Faites comme saint François-Xavier : travaillez à employer pour le bon Dieu les aspirations ambitieuses de votre nature. »

A ce premier travail il demandait que l'on joignît celui de la mortification. Il ne reculait pas devant les plus petits détails : « Vous pratiquerez — sans vœu — la petite mortification de ne manger des friandises que quand on vous en offrira. » Mais ce sont là de petits aspects ; il en indique de plus élevés : « Aimez la mortification, surtout intérieure, le renoncement, l'oubli de vous-même, le dévouement pour les autres. » Et sortant des généralités, il réclame tout spécialement deux formes de mortification : celle qui concerne les lectures et celle qui concerne l'humeur et le caractère.

Sur la question des lectures, il ne sait pas transiger. Tou-

chant ce point, toutes ses recommandations se résument dans
ce mot : « Pas de lectures frivoles. Quelle gloire voulez-vous
que Notre-Seigneur en retire? » Mais ce mot, il l'explique à
l'occasion : « Il y a romans et romans : les mauvais et ceux
qui ne le sont pas. Les premiers, il ne faut jamais les lire :
ils sont du poison. Les autres sont de fades sucreries qui
gâtent les dents, fatiguent l'estomac, le dégoûtent d'une
nourriture saine et chrétienne. Vous pouvez en lire, mais
comme on prend un bonbon ; rarement et pour ne pas refuser. » Dans une autre occasion, il précise encore davantage :
« Vos yeux ne doivent plus lire ni romans imprimés, ni
romans écrits : le feu, voilà le sort de ceux que vous auriez
ou de ceux que la poste vous apporterait. Avec l'audace d'une
courageuse simplicité, faites comprendre, dites au besoin,
sans aveu de vos troubles, que ces choses vous dégoûtent,
que plus jamais vous ne voulez qu'on vous les confie. »
Et s'il ne parvient pas à se faire écouter, il va jusqu'à poser
une sorte d'ultimatum : « Encore une fois, et pour la dernière fois n'est-ce pas, mettez à l'écart les romans. » En
revanche, il pousse aux lectures sérieuses et utiles qui forti-
fient et rendent heureux.

C'est avec la même insistance, bien que sur un ton différent, qu'il réclamait la mortification du caractère et de l'humeur par une délicate charité. L'exquise bonté de son âme
lui suggérait sur ce sujet des paroles ravissantes : « La
jalousie, c'est le plus affreux des défauts. Il empoisonne
toutes les joies, il dénature tous les actes. Le cœur du jaloux
est un foyer d'injustice et de colère... Des chrétiens qui ne
s'aiment pas !... la vie est si courte : comment l'employer à
ne pas s'aimer, quand, au terme de cette vie, nous devons
être pressés sur le sein du même Père ? »

.....Et passant à la pratique, il écrit : « Faites en sorte, à
l'égard de tous, d'être bonne, pas susceptible, sachez fermer

les yeux ou les oreilles pour ne voir, ni entendre quelque
chose qui pourrait vous blesser. Au bout d'une minute, il
n'en sera plus question... » — « Soyez comme une burette
d'huile allant discrètement, modestement, porter la petite
goutte de paix dans les rouages de la famille : une bonne
parole à celui-ci, un témoignage d'affection à celle-là : re-
cueillez, pour les répéter, les paroles aimables que vous
entendez dire à l'un en l'absence de l'autre : ceci est un
ciment d'affection mutuelle : mais, de grâce, oh ! jamais,
jamais ne faites le contraire en répétant une parole malveil-
lante. » Et encore : « Prenez garde à la tristesse, elle serait
mauvaise pour vous, vous énerverait et vous empêcherait
d'être bonne et même d'accomplir la mission qui vous est
confiée dans le milieu que vous habitez. »

Chose remarquable, la ligne de conduite que traçait l'abbé
Reverony, relativement à l'usage des plaisirs mondains, se
rattachait intimement à ses conseils sur la mortification.
« Quand on médite, et qu'en méditant on se ressouvient de
ses péchés, de la nécessité de les expier, de l'ingratitude qui
les a inspirés, on arrive aisément à comprendre que s'il est
nécessaire par convenance de se prêter à ce qu'on appelle
le plaisir, il serait aussi stupide que déplacé de s'y livrer. »
Telle est la règle qu'il applique invariablement. « Ne vous
laissez pas étourdir par vos réceptions. Tâchez, au contraire,
de les sanctifier en vous y prêtant, comme à un devoir, par
amour pour le bon Dieu. »

Une pénitente de M. Reverony se trouvait à Paris pour
quelques jours. La famille qu'elle visitait avait, pour fêter sa
présence, pris une loge au grand Opéra récemment cons-
truit et dont les splendeurs, encore peu connues, ajoutaient
à tant d'autres attraits celui de la nouveauté. Que faire ?
Refuser, c'était s'exposer à blesser l'amitié ; accepter, c'était
courir le risque autrement redoutable d'offenser le bon Dieu.

Consulté, l'abbé Reverony donna cette solution : « Allez à l'Opéra dans les conditions où l'on voudra vous y mener ; soit comme visite, ce que j'aimerais mieux : soit comme représentation. Seulement n'y allez pas seule : faites-vous accompagner — sans qu'elles s'éloignent de vous — de trois amies : la Foi qui vous dira la vanité de toutes ces splendeurs, la Modestie et la Mortification qui mettront un voile sur vos yeux. Emportez aussi votre cœur et faites-lui faire de nombreux actes d'amour pour Notre-Seigneur... Oh ! comme Jésus vous regardera avec complaisance ! »

Mais une autre fois il répondait : « Je suis loin d'approuver votre allée au théâtre. Dieu a été bien bon de vous y garder, car vous y alliez sans nécessité, sans armes, et par conséquent sans droit à la protection de Notre-Seigneur. Que ce soit la dernière fois. »

Tout cela était fort surnaturel ; et, en réalité, pauvre et bien pauvre est la direction qui n'a pas cette note. C'était la force de l'abbé Reverony de montrer Dieu en tout et partout. A propos d'un projet de mariage qui ressemblait fort à un coup de tête, il disait : « Faudra-t-il vous voir consommer la folie dont vous êtes obsédée, — vous jeter dans le mariage comme on se jette dans la Seine ? » — Et entrant dans le vif de la difficulté : « Vous ne voulez pas vivre avec la pensée de devenir une vieille fille... J'avoue que pour une pauvre orgueilleuse la situation est embarrassante et la solution effroyable. Vieille fille !... Mais, comme avec un peu d'humilité, et par conséquent de vérité, avec un peu d'amour de Dieu, et par conséquent de générosité, tout change de face et devient ravissant : sous l'écorce d'une vieille fille être toute à Dieu !... Et cela avec d'autant plus de mérite que cette vie toute à Dieu n'a extérieurement rien qui en révèle la perfection et la sublimité, mais qu'elle est cachée sous le voile d'une vie absolument commune et quelquefois tournée en ridicule ! Ne vous semble-t-il pas qu'il y a là place pour une grande vertu?... »

Et quand la Providence, ayant appelé une jeune fille à l'état du mariage, accordait à l'union contractée la bénédiction de la fécondité, le saint directeur savait élever les pensées et les sentiments : « Quelle belle mission que celle que Dieu vous donne, en vous constituant la dépositaire de ce petit enfant, dont il attend de vous qu'il devienne tout au moins un sérieux chrétien, un élu du ciel ! Oh ! que vous devez être heureuse !... humble autant qu'heureuse !... fidèle chrétienne, afin que votre cher petit enfant ne reçoive pas seulement le lait maternel, mais aussi la foi, la vertu, l'amour de Dieu ! »

Que si Dieu retire prématurément le dépôt confié, le langage de l'abbé Reverony devient d'autant plus consolant, qu'il est plus directement inspiré par la foi. « Oui, que la sainte volonté de Dieu soit faite ! Elle est pénible !... mais bien miséricordieuse. Oh ! la douce pensée pour une mère chrétienne, que celle d'avoir donné au ciel un bel ange ! Quelle confiance d'avoir près de Dieu un puissant protecteur de plus, qui, n'ayant pu témoigner ici-bas à sa mère la tendresse de son cœur, la lui prouve près du trône de Dieu. Soyez donc calme, résignée, radieuse par amour pour Jésus. »

Du reste, il mettait la perfection de la piété dans l'acceptation, et surtout dans l'amour de la souffrance, quelle qu'en soit la nature. C'est la preuve d'un véritable amour pour Dieu : « Eh ! si nous ne souffrions pas volontiers pour l'amour de Jésus, comment lui prouverions-nous cet amour qui est toute la vie de notre âme... Souffrir pour Jésus, c'est si doux ! Ne perdez pas un instant de ces jours précieux : donnez-lui tout sans compter : soyez généreuse ; allons, amour pour amour ! » C'est aussi la source d'immenses avantages :

« Tout ce que la douleur touche, elle le sanctifie, le purifie,
y dépose un germe de gloire pour l'éternité, et d'amabilité
pour le regard de notre doux Sauveur. Donc, ma chère enfant, vive la souffrance, quelle qu'elle soit ! non pas seulement considérée en elle-même, mais vive la souffrance en
nous, dans notre corps, dans notre esprit, dans notre
cœur ! » A un malade il écrivait : « Notre-Seigneur est aussi
bon, et nous traite avec plus de tendresse, quand il nous envoie la maladie de préférence à la santé. Sachons de plus en
plus nous en remettre sans réserve à ce qu'il décide de nous...
Que de grâces, de trésors dans une maladie chrétiennement
accueillie ! Sachons voir en toutes choses ce que Jésus y voit.
Tout le reste n'est rien, rien ! O Jésus ! notre seul, notre
meilleur ami ! Combien je lui demande d'être votre consola-
teur, votre appui, et de vous faire comprendre le trésor caché
dans sa croix ! »

Et non seulement il indiquait à l'âme chrétienne dans la
souffrance la source d'un grand profit personnel, mais il
y faisait voir une sorte d'apostolat, l'apostolat par l'immolation. Il reconnaissait même une sorte de vocation spéciale
pour cet apostolat : « Il n'est pas rare que, par une vue
de grande miséricorde, Dieu choisisse dans une famille une
âme privilégiée dont il fait une victime... une victime pour
le bien des autres. Cette âme-là n'a pas le droit de s'enor-
gueillir puisqu'elle a été choisie, mais elle a le devoir de se
montrer humblement, fidèlement, et, quand elle le peut,
joyeusement fidèle au rôle de choix qui lui est assigné... »
Il ne dissimulait pas ce qu'une telle mission a de « pénible,
de difficile, d'écrasant », mais, ajoutait-il, « le martyre n'est-
il pas le couronnement désiré, la récompense recherchée des
âmes vouées à l'apostolat »? Aussi, avec quels accents il encourageait à souffrir les âmes dans lesquelles il reconnaissait cette mission. « Ne murmurez pas, Jésus n'a-t-il pas

connu l'oubli, l'ingratitude, la trahison, l'inutilité de son sang versé, de sa vie donnée !... Il sait vous comprendre quand vous gémissez à ses pieds ! Alors il vous aime et vous bénit ! Il veut que comme Lui vous soyez une victime soumise, généreuse, aimante. Victime pour ceux que vous aimez et qui ont besoin de revenir à Lui ! pauvres âmes qu'il faut racheter, pour lesquelles il faut prier... souffrir... mourir peut-être !... Et c'est vous, heureuse enfant, qui êtes la victime choisie, frappée déjà ; acceptons, en tremblant, en pleurant avec amour, ces coups répétés et toujours plus douloureux d'une immolation lente, mais efficace... Allons ! du courage pour aimer votre souffrance ! Vous ne retrouverez jamais meilleure occasion de sauver les âmes. Vive Jésus ! et en avant ! »

C'est à de telles hauteurs que l'abbé Reverony tâchait d'élever et de maintenir les âmes. Et pour y réussir, il indiquait, même aux personnes dont la vie était la plus répandue dans le monde, la fidélité à un règlement, les exercices de piété quotidiens, parmi lesquels il donnait une importance spéciale à la méditation du matin et aux bonnes lectures, et la pratique régulière de la confession et de la communion.

La sainte communion surtout était justement à ses yeux le grand élément de la vie chrétienne. Il avait sur ce sujet une doctrine admirable qu'il me paraît non seulement intéressant, mais important de faire connaître par quelques extraits de ses lettres.

Il voyait dans la sainte communion le bien de l'âme : « On ne sait pas l'influence d'une communion dans une âme : c'est le passage de Dieu au sein même de nos misères pour les consoler ou les guérir. » Il disait à ce propos, en parlant de l'éloignement de la Sainte Eucharistie : « Oh ! quand, au ciel, nous saurons le prix d'une communion, nous ne pourrons comprendre cette folie ! Avoir à sa portée toute richesse, toute puissance, tout amour, et, sous un vain prétexte, laisser tout cela. O mon Dieu, encore une fois, quelle folie !... »

Mais au-dessus même du bien de l'âme il apercevait la gloire de Dieu. « La fréquente communion vous fera connaître Dieu, vous apprendra à aimer Dieu, vous donnera le courage de servir Dieu. C'est là le triple but de notre existence : le secret de le remplir, c'est la communion fréquente. » A une personne qui, courbée sous le faix de lourdes peines, avait laissé envahir son âme par le dégoût de la sainte communion, il écrivait : « En vous en tenant éloignée si longtemps, vous n'avez procuré aucune gloire, aucune joie à Notre-Seigneur. Si, au contraire, vous eussiez été plus simple, et fussiez venue à Lui avec votre misère, éternellement les anges et les saints l'auraient loué et béni de s'être montré assez miséricordieux, assez divinement bon pour s'être fait la victime, l'aliment, le soutien d'une chétive et pauvre petite créature. Allons, je vous en conjure, ayez un peu pitié de Notre-Seigneur qui vous demande l'entrée de votre cœur. N'y a-t-il pas assez longtemps qu'il est debout, qu'il frappe et qu'il attend ? Donnez-lui la joie de vous faire du bien. »

Tel est le tableau, en raccourci, des principes de l'abbé Reverony en matière de direction. Ce chapitre eût pu être développé davantage : tel qu'il est, il ne sera peut-être pas sans fruits. Les âmes, et elles sont encore nombreuses, qui ont eu le privilège de la direction de l'abbé Reverony, aimeront à trouver réunis dans un ensemble méthodique ses principaux enseignements. Pour celles qui ne l'ont point connu, est-il téméraire de penser que ce précis de direction, formé avec les écrits d'un prêtre qui avait connu le monde, qui en savait le fort et le faible, les exigences et les obligations, se présentera à elles avec une réelle autorité et leur montrera victorieusement que la piété sérieuse, élevée, géné-

reuse, est compatible avec toutes les situations ? Que si ces
pages tombent sous les yeux de quelqu'un de ceux qui ne
comprennent point l'utilité de la direction des âmes par les
prêtres de Jésus-Christ, qui raillent même parfois l'empressement des chrétiens à tout soumettre à la décision du directeur, peut-être verra-t-il combien la direction d'un saint
prêtre aide l'âme à se fortifier, à grandir, à pratiquer la vertu
jusqu'à l'héroïsme avec la plus grande simplicité.

CHAPITRE XI

Le Directeur de Religieuses et le Supérieur de Communauté.

Homme de Dieu avant tout, l'abbé Reverony était merveilleusement doué pour diriger les âmes qu'un choix spécial et tout gratuit appelle à la perfection de la vie chrétienne.

Son esprit, éclairé des lumières d'en haut ; son cœur, débordant d'amour pour Dieu et pour les âmes ; sa volonté, affermie par l'effort persévérant que demande la perfection vers laquelle il tendait sans cesse ; la générosité de son caractère, qui lui faisait embrasser le sacrifice comme le meilleur témoignage d'amour ; l'entrain joyeux qu'il savait communiquer, et qui rappelait l'élan du brave sonnant la charge pour entraîner les soldats au combat, tout cet ensemble le rendait éminemment propre à discerner, à diriger, à fixer les vocations vraiment surnaturelles.

Ses papiers révèlent qu'il eut à s'occuper de quelques vocations extraordinaires d'hommes et de prêtres ; mais il eut surtout à introduire et à diriger dans plusieurs monastères un grand nombre de religieuses.

Ses préférences marquées étaient pour la vie contemplative. Ses Carmélites lui étaient chères entre toutes. Cependant son amour pour les pauvres, sa tendre charité pour les malades inclinaient son cœur vers les Hospitalières : celles surtout qui unissent au service des deshérités de ce monde

la vie méditative et recueillie du cloître. N'est-ce pas leur vie
d'ailleurs qui était sa vie ? Ne passait-il pas incessamment
de la contemplation à l'action, de cette prière qui fixe le
cœur en Dieu, aux exercices de cette charité tout apostolique,
qui fait répandre sur les souffrants d'âme ou de corps les
trésors que l'âme y a puisés ? Il définissait d'une façon originale, mais caractéristique, ce que doit être la religieuse
Hospitalière cloîtrée, dont la vocation est de joindre la vie
de Marthe à celle de Marie : « Ame de Marie dans un corps
de Marthe ; âme de Carmélite dans un corps d'Hospitalière :
j'allais écrire lame de Carmélite dans un fourreau d'Hospitalière. »

Ses attraits d'ailleurs se devinaient et il ne les faisait jamais
prévaloir. Toute forme de vie religieuse, approuvée par
l'Église, était digne de respect à ses yeux, et, s'arrêtant
plus au fond qu'à la forme, il s'appliquait seulement à faire
correspondre l'âme à l'action de la grâce en l'aidant à se
donner pleinement, généreusement au Maître qui avait
dit : *Sequere me* (1).

Être appelée, se donner une fois ne suffit pas. Les
horizons de l'appel s'élargissent dans la mesure du don de
soi. Il savait que, dans la voie ordinaire, la réponse à l'appel
divin fait couler bien des larmes à l'élue et plus encore à
ceux qui l'aiment ; il les laissait couler sans les condamner,
ces pauvres larmes, mais il était si persuadé que la vocation
religieuse est une grâce de choix, et qu'en y répondant
l'âme reçoit infiniment plus qu'elle ne donne, que, tout en
restant bon et compatissant, à pareille heure, il se montrait
énergique surtout. « Vous rendez-vous compte, disait-il
un jour, que ce qui vous a troublée si longtemps et vous
a conduite à vous raidir quelquefois contre la vocation

(1) Suivez-moi.

religieuse, c'est que vous n'aviez pas le courage de l'envisager telle qu'elle est ; uniquement préoccupée des difficultés, vous ne pensiez pas assez aux grâces que Dieu donne pour en triompher ; n'essayant que mollement et comme à regret de rompre vos chaînes, vous n'éprouviez de vos efforts insuffisants qu'un tiraillement douloureux et stérile. »

Avec quel respect de Dieu et des âmes, avec quelle sollicitude toute paternelle il étudiait les vocations qui lui étaient confiées ! C'est dans la sincérité de son âme qu'il pouvait écrire : « Soyez absolument tranquille et heureuse. Je vous donne l'assurance positive que vous êtes là où le bon Dieu vous voulait, et vous veut. Ceci est l'expression, non d'une pensée provoquée par votre lettre et hâtivement tranchée, mais bien d'une pensée depuis longtemps examinée, approfondie sous le regard de Dieu. A l'exception des choses de foi, je n'ai rien de plus assuré que la certitude de votre vocation. » ...« Soyez Marie ! Jésus l'attend de vous. Elle contemplait !... mais elle savait agir aussi quand Jésus le lui ordonnait ! Elle pleurait, mais aux pieds de Jésus ! et en pleurant, elle n'était pas triste, ses larmes étaient brûlantes d'amour. Oh ! le ravissant et complet modèle ! Que ce soit le vôtre ! Sainte Marthe ne sera pas jalouse. »

S'il voulait de l'énergie et le sentiment de la reconnaissance du bienfait reçu dans la réponse de l'âme à l'appel de Dieu, l'abbé Reverony demandait aussi de la prudence, de la sagesse, de la délicatesse dans l'exécution de la décision prise. Il ne permettait pas dans le monde les pratiques du cloître, il fallait savoir attendre l'heure de Dieu. A une empressée, impatiente devant l'obstacle, il disait : « Que trouveriez-vous, mon enfant, du laboureur qui pour tourner son champ et conduire sa charrue mettrait une soutane ? Il serait bien mal à l'aise, et son costume sans doute ferait tort à son labourage ! » Et comme son interlocutrice paraissait désappointée : « N'allez pas vous croire pour cela tombée du troisième étage ? Vous y gagnerez, soyez-en sûre, en vous tenant dans la simple perfection des devoirs de votre état, car étant celui où le bon Dieu vous veut tout à l'heure, la perfection de cet état est précisément celle que Notre-Seigneur demande de vous. Agir autrement serait vous en éloigner. »

Quand une âme avait enfin franchi les portes du cloître, la tâche du saint directeur n'était pas achevée. Il suivait cette âme du regard, l'encourageait de ses conseils, accélérait sa marche, modérait son ardeur et consolait ses peines quand elles étaient réelles. Il ne voulait point de craintes puériles, ni d'inquiétudes d'enfant. Une fine et délicate ironie lui servait parfois à relever les âmes : « Il me semble que vous tournez à la poule mouillée, disait-il, secouez donc un peu cette mollesse langoureuse au physique et au moral. » A une autre il écrivait : « Je savais le démon très méchant, très acharné, très menteur, très fin.... mais vous... je ne vous savais pas si sotte !... Vous l'êtes... et beaucoup. Allez-vous donner à l'ennemi de Jésus la joie et l'honneur de s'être moqué de l'enfant bien-aimée de ce doux Sauveur ?... d'avoir distrait un instant l'esprit, alarmé un instant le cœur de cette pauvre enfant ? Allons, crachez sur le démon, séchez vos yeux, souriez à Jésus, baisez votre crucifix, allez à la chapelle recevoir la bénédiction du Sauveur !... Et puis : Vive Jésus et en avant ! »

Son grand désir était que l'âme se dilatât au service du bon Maître dans la foi à l'amour de Dieu pour nous, dans la paix que donne la confiance en sa miséricorde : « Ne vous figurez pas avoir des iniquités inconnues, et ne perdez ni temps ni paix à les chercher. Jetez tout en bloc dans le Cœur compatissant, abîme de miséricorde, de Notre-Seigneur. » — « Soyez bien en paix : Il le veut : c'est ainsi qu'Il aime votre âme, parce que ainsi elle lui apparaît plus confiante ! — Il aime tant la confiance ! Et aussi elle est plus épanouie, plus dilatée pour recevoir,... comprendre,... goûter,... utiliser ses grâces. » A cette confiance en Dieu, l'abbé Reverony demandait à l'âme religieuse d'unir le détachement des créatures. Cette page d'une retraite écrite pour une de ses filles du cloître, nous dira comment il entendait ce détachement.

Dans cette retraite, sainte Marie-Madeleine était offerte comme modèle à l'âme religieuse. « Nos dispositions, notre attitude à l'égard des créatures. — Hélas ! elles avaient exercé une puissante séduction, une effroyable et honteuse domination sur Marie-Madeleine... Mais dès qu'elle a connu et aimé Jésus, c'est fini : elle les méprise..., les sacrifie..., les quitte..., s'en éloigne..., ou si elle en garde quelques-unes, c'est pour les offrir à Jésus..., parfum répandu sur ses pieds..., celles dont elle ne peut se séparer, ses yeux, ses cheveux, ses lèvres ; c'est pour verser des larmes sur les pieds de Jésus, les essuyer, les baiser..... le saint Évangile nous la montre dépensant pour Jésus ce qu'elle possède.

« C'est bien cela ; les créatures considérées en elles-mêmes ne doivent être rien pour nous, nous ne leur devons que l'indifférence...; ce qui peut seul nous les faire envisager, apprécier autrement, c'est la volonté du bon Dieu qui veut que telle ou telle nous serve ou de but aux œuvres de notre vocation... ou d'épreuve... ou d'occasion, ou d'instrument de pénitence... En sorte que notre règle pratique, c'est que les créatures n'ont de valeur pour nous qu'autant que Notre-Seigneur leur confie quelque rôle sanctifiant par rapport à nous, ou que nous pouvons les utiliser pour atteindre notre fin, c'est-à-dire lui témoigner notre amour.

« Et il faut entendre dans ce sens général de créature toutes les circonstances de notre vie.

« Bien examiner nos dispositions à cet égard..., l'usage que nous faisons des créatures. »

L'union à Dieu dans un acquiescement total à sa divine volonté était la conséquence, en même temps que le but de la direction de l'abbé Reverony.

« La vie religieuse, dit-il, est une messe, dont l'âme, épouse de Jésus-Christ, est l'hostie. » — « La religieuse ne doit plus être qu'une humanité absolument livrée à Notre-Seigneur, son union avec Lui doit être telle qu'elle puisse dire en vérité : Je ne vis plus, ma vie, mon vivre, c'est Jésus! » — « Conçoit-on, dit-il ailleurs, une hostie qui choisit son autel, la pierre sacrée sur laquelle son prêtre l'immole ? Non. Il veut et exige l'abandon complet : la croix, le tabernacle, c'est tout ce qu'une victime doit désirer et peut avoir. Le reste = 0. »

Cet abandon doit être joyeux et viril, sincère et illuminé des rayons de la Foi. Il proscrit énergiquement certaines mièvreries assez ordinaires aux âmes plus éprises des petits livres mystiques que de l'Évangile ou de saint Paul. Une d'elles avait écrit : « Nous sommes les agneaux du divin Maître, et nous devons réjouir son Cœur par nos doux bêlements... » L'abbé Reverony n'avait pas goûté cette phrase. Quelques semaines plus tard, étant à Paris pour soigner son larynx, il donnait de ses nouvelles en ces termes : « Mon pauvre instrument a besoin d'être remis à neuf ; on y travaille. Qu'en sortira-t-il? Je ne sais. Pas un bêlement toujours. Je n'aime pas beaucoup ce genre de discours... Mais je m'arrête : mieux vaudrait bêler que mordre. »

Il revient sans cesse avec complaisance sur la nécessité de la virilité dans la vie religieuse. Il la demande pour ses filles : « J'ai quelque droit sur le cœur de saint Maurice ! je vais en user pour vous, écrit-il. C'était un brave ! un vrai ! pas comme Don Quichotte ! Il ne combattait pas contre des moulins à vent ! Je vais lui demander que vous ne croyiez pas aux ennemis imaginaires, chimériques ; et que pour Jésus vous soyez brave. » C'est Notre-Seigneur lui-même qu'il propose comme modèle de virilité. « Jésus portant sa croix jusqu'au Calvaire ; Marie debout au pied de la croix, voilà nos modèles. » — « Et nous !... Et nous !... dit-il encore, aimons-nous le calvaire..., la croix..., suivons-nous Jésus jusque-là ?... Croyons-nous que nous y conduire est une des plus grandes preuves de l'amour de Jésus ?... Et quand il nous la donne, quelle figure faisons-nous ?... » — A une religieuse malade, il envoie ces seuls mots : *Esto vir ! Vir dolorum* (1).

Aussi souhaite-t-il aux âmes qu'il dirige, « non les consolations, mais l'amour du sacrifice, l'anéantissement d'elles-mêmes, l'abandon total et courageux à la vie de Jésus, la générosité dans le sacrifice, la paix dans l'amour, le sourire dans la sécheresse, l'union à Jésus dans l'activité et les imprévus du travail et de l'emploi ». Pour leur obtenir ces grâces, il prie pour elles ; dans leurs retraites surtout, après en avoir préparé les exercices, « il les suit de loin. — Chaque matin, au saint autel, j'offre et consacre votre journée ; le soir, en visitant Jésus, écrit-il, je lui dis votre nom, je lui offre votre âme, je lui demande pour vous ce qu'Il a de meilleur et de plus sanctifiant... »

Malgré la générosité, l'élan des âmes vers Jésus, le sage directeur sait que la lutte est la loi de notre vie ici-bas, que jusqu'au dernier soupir il nous faut combattre l'ennemi du Christ et de tout ce qui est à Lui. La religieuse n'est pas exempte de cette loi, et c'est pour cela qu'il la veut virile. Il

____

(1 Soyez homme. l'homme de douleur.

veut que sa virilité soit douce et patiente comme ce qui est vraiment fort. « Je connais beaucoup d'âmes qui ne font pas de progrès, ou qui ne font pas tous les progrès qu'elles devraient faire, parce qu'elles manquent de patience avec elles-mêmes. » — « Soyez en paix, écrit-il à une âme attristée de ses faiblesses, de ses misères. De ce qu'on n'est pas parfait il ne s'ensuit pas qu'on soit perdu, ni désagréable à Notre-Seigneur, ni hypocrite : les anges n'ont-ils pas chanté : paix aux hommes de bonne volonté ! et n'avez-vous pas de la bonne volonté ? — Est-ce que notre pauvre malheureuse nature n'a pas la vie dure, coriace ? Est-ce que saint Paul n'a pas dit que cette mort désirable de notre nature est de chaque jour : *quotidie morior?* est-ce que Jésus n'a pas dit que c'est chaque jour qu'il faut porter sa croix, même la croix incommode et humiliante de notre nature orgueilleuse, violente, révoltée, détestable?... Jésus a accepté les inconvénients de sa nature humaine : la fatigue, la faiblesse, la peur, la souffrance... Il accepte aussi les imperfections de la vôtre ; l'important est qu'elles ne soient pas voulues : et si elles sont détestées, combattues, Jésus aime, non pas elles, mais les actes de pénitence, de patience, de courage, de vertu auxquels elles donnent lieu. — Donc paix et courage et confiance ! »

La lutte se présente à l'âme sous un aspect plus douloureux encore ; la lumière se voile, la chaleur se refroidit ; c'est l'épreuve intérieure par excellence. Voilà comment l'abbé Reverony savait encourager à ces heures d'épreuve : « Est-ce qu'il fait clair dans le tabernacle, est-ce qu'il y fait chaud? est-ce que la pierre de l'autel n'est pas froide ?... Et Jésus y demeure !... et Jésus y repose !... et Jésus s'y immole !... Et vous, n'êtes-vous pas son hostie ? et s'Il vous associe aux joies et au dévouement brûlant de son Cœur, n'est-il pas juste qu'Il vous enveloppe quelquefois des ténèbres de son tabernacle : n'est-il pas juste et miséricordieux de la part de ce doux Sauveur de vous faire sentir l'approche de celui qui le hait? Éprouver que, vous aussi, comme Jésus et pour Jésus, vous êtes l'objet de la haine infernale, n'est-ce pas une félicité!... — Si, quand il fut tenté au désert, Jésus vous avait prise avec Lui, l'auriez-vous quitté? n'auriez-vous pas été fière et heureuse de partager sa tentation, son jeûne, sa faiblesse?... Paix et courage, l'épreuve durera ce que le bon Dieu voudra. Aimez mieux sa volonté que la vôtre. »

De tels enseignements étaient merveilleusement aptes à faire avancer les âmes dans la voie de l'abnégation la plus généreuse et la plus active. Ils étaient écoutés, suivis efficacement. Le langage que tenait l'abbé Reverony à ces âmes d'élite, quand approchait la mort, le prouve suffisamment. « Vous êtes donc bien malade, ma pauvre enfant, qu'est-ce que cela veut dire? — Que l'heure de la délivrance approche, que l'exil va bientôt finir, et le temps de la souffrance aussi!... Que l'heure de la santé parfaite va bientôt sonner... L'heure de voir, d'adorer face à face, d'aimer, de posséder pour toujours le Bien-Aimé de votre âme!... — Voilà ce que c'est qu'être bien malade... aussi je vous en fais mon compliment. J'en bénis le bon Dieu pour vous et avec vous... Allons, ma chère enfant, soyez joyeuse. Bientôt vous entendrez cette bonne nouvelle, cette ravissante invitation : Voilà l'Époux qui vient! Allons au-devant de Lui. Quel bonheur! Oh! comme les liens se brisent aisément quand il s'agit d'aller à Jésus! »

Quelle simplicité sublime et quel humble amour pour Dieu dans ces paroles qui terminent cette lettre, digne d'un saint : « Voudrez-vous, mon enfant, lui recommander (à Jésus) ma misère? lui demander pour elle pitié et miséricorde? »

On comprend à de tels accents quels liens surnaturels se formaient entre cette grande âme et les âmes qu'il conduisait à Dieu par le chemin austère, mais toujours lumineux, de la croix et de l'amour.

Sa direction, comme supérieur, pour être générale, n'en est pas moins élevée; mais sa prudence, son respect des voies de Dieu l'empêchent de traiter avec autant d'abandon les sujets qu'il développe à cœur ouvert, avec les âmes appelées au dépouillement total.

Il s'applique d'abord à se familiariser avec les règles et les constitutions des communautés dont il est le supérieur, sachant bien que là se trouve l'expression de la volonté divine sur toutes les âmes consacrées à la vie religieuse. Son esprit pratique le porte à insister, à revenir souvent sur l'obéissance. Non seulement sur l'obéissance à la règle, mais sur l'obéissance à l'autorité de Dieu incarnée en quelque sorte dans la supérieure. « J'ai fait le vœu, dit-il un jour dans un chapitre, de soutenir toujours la supérieure. » — « Une communauté qui obéit, dit-il encore, c'est un corps qui se porte bien... L'obéissance dans une communauté, c'est la santé de la maison, c'est l'union, l'ordre. » — L'obéissance de Notre-Seigneur lui-même est celle qu'il propose à ses filles. A l'une d'elles, comme bouquet de fête, il envoie une image de Jésus crucifié. Au revers il écrit : « *Humiliavit semetipsum factus obediens usque ad mortem, mortem autem crucis !... (1)* » — « Faites de même. »

Après l'obéissance, ce qu'il recommande le plus c'est la charité : « Il y a deux trésors pour une communauté : l'obéissance et la charité. » Il ne demande pas que la charité soit aveugle, mais il veut qu'elle soit délicate : « Savoir distinguer le vrai du faux, le mieux du moins bien, est une grâce

---

(1) Il s'est humilié, il s'est fait obéissant jusqu'à la mort, et à la mort de la croix.

qu'il ne faut pas mépriser. Dire qu'un bossu est droit serait absurde... mais il est mieux de se taire sur sa bosse, dans la crainte de lui faire de la peine. »

Pour aider les religieuses dont il est chargé à réaliser l'idéal de perfection qui leur est proposé, il ne néglige ni temps, ni voyages, ni fatigues. Il fait des entretiens spirituels à la communauté réunie ; il voit les sœurs qui réclament des conseils plus particuliers; quand il est éloigné, son zèle ne se ralentit pas, il envoie, sous forme de résolution spéciale, la désignation d'un point sur lequel les efforts communs devront tendre, il répond aux avis, aux conseils qu'on lui demande. Souvent un mot lui suffit pour résoudre les petites difficultés qui lui sont soumises. L'Assistante d'une communauté, inquiète de la ferveur de sa supérieure, écrit à l'abbé Reverony pour lui demander d'imposer certaines dispenses à la bonne Mère. Instruite du fait, celle-ci écrit à son tour, alléguant les raisons qui la portent à vouloir observer toute la règle. Les raisons parurent bonnes, il lui renvoya sa lettre illustrée d'un colossal : « Ainsi soit-il. »

Ces traits, choisis entre mille, sont la preuve de la sollicitude vraiment paternelle du saint prêtre pour les âmes privilégiées qu'il était heureux de conduire à Dieu. Aussi, quels regrets sa mort a laissés derrière les grilles de plus d'un cloître ! Les mondains ont parfois un sourire, quand ils entendent les religieuses appeler du nom de Père le prêtre qui a charge de les diriger. Ce nom répond, en effet, à un sentiment qui n'est pas du monde, et que le monde ne comprend pas. Mais si jamais prêtre l'a mérité par son dévouement pour les âmes, par sa prudence à les conduire, par le bien qu'il leur a fait, ce prêtre a été l'abbé Reverony. Beaucoup l'avaient compris. Qu'on nous permette de citer le fragment d'une lettre, adressée, peu de jours après la mort de l'abbé Reverony, à une de ses filles. « C'est une grosse

épreuve pour vous et pour votre communauté, que la mort de
M. l'abbé Reverony. Le Carmel de Caen m'écrit, lui aussi,
sa désolation. C'est bien la meilleure oraison funèbre à
l'honneur de ce saint prêtre. Partout où il a passé, il a saisi
profondément les âmes, et leur a fait aimer Dieu généreusement. Ne pleurons pas trop sur ceux dont la tâche est finie
tôt, quand ils ont travaillé comme votre Père, dès la première heure... Souvenez-vous que personne n'est moins
séparé de nous que ceux qui sont morts dans la paix du
Christ, et que le rayonnement de leur âme sur la nôtre est
autrement fécond, maintenant qu'ils communient en pleine
vision à la charité de Dieu pour nous. » Ces paroles ne sont-
elles pas comme le commentaire de celles que l'abbé Reverony traçait en finissant une lettre : « Je vous quitte et vous
bénis. Je vous bénis plus que je ne vous quitte. Jésus n'est-
il pas le lien indissoluble des âmes ? »

CHAPITRE XII

Le Vicaire général.

Le prêtre vénérable sous la direction duquel l'abbé Reverony avait commencé l'exercice du ministère paroissial, M. l'abbé Bréard, lui écrivait, en apprenant qu'il était nommé grand vicaire : « Ce n'est pas seulement par la conduite des affaires qu'un grand vicaire peut rendre des services au clergé, mais c'est aussi, et surtout, par l'esprit et les sentiments qu'il se trouve à portée d'inspirer aux prêtres avec lesquels ses fonctions le mettent en rapport. Eh bien ! vous avez tout ce qu'il faut pour exercer cette bonne influence. Nous avons bien besoin de cette action salutaire. »

Ces paroles résumaient d'avance ce que devait être la vie de l'abbé Reverony, dans le vicariat général du diocèse de Bayeux.

Il s'occupait des affaires plus qu'on a affecté parfois de le dire : ses aptitudes naturelles et les connaissances qu'il avait acquises dans ses cours de droit le mettaient à même d'imprimer une direction éclairée, et de donner les solutions les plus sûres et les plus avantageuses. Homme d'action toutefois et incliné par-dessus tout au ministère des âmes, il lui fallait faire un effort pour s'astreindre à un travail de bureau prolongé.

Il rendit de grands services à son Évêque dans l'administration du diocèse, et Mgr Hugonin aimait à en faire son auxiliaire dans les circonstances les plus délicates.

En ce temps de quasi-persécution, où les œuvres les meilleures pour le bien de la religion sont souvent à la merci des rancunes locales, où la lutte, devenue nécessaire, éclate parfois en conflits aigus, où les Évêques pour la nomination de levrs prêtres doivent compter avec des influences et des hostilités de toute nature, l'abbé Reverony était près du pouvoir civil un négociateur doué d'un tact égal à son habileté, un intermédiaire souvent écouté, toujours estimé ; et son intervention, dont il serait trop délicat d'apporter ici des exemples, avait les résultats les plus heureux.

Mais la plus grande part de son action fut celle qu'il exerça près des prêtres. Il y porta les mêmes procédés qu'il employait partout : dévouement, bonté, compassion.

Son accueil était affable. Il avait sur les lèvres un sourire, qui tout d'abord semblait voiler une fine pointe de malice, voire de légère ironie ; mais on en avait vite aperçu le vrai sens ; et, si l'on s'abandonnait un peu à ce saint prêtre, bientôt l'on arrivait à son cœur, ou plutôt son cœur venait à son interlocuteur. Il avait pour les bons prêtres, les prêtres actifs et zélés, des mots qui étaient dans leur simplicité un puissant encouragement. Que si un prêtre, manquant d'énergie, faiblissait dans l'accomplissement de ses devoirs, l'abbé Reverony n'avait pas de cesse qu'il n'eût tout employé pour relever cet infortuné. On lui a reproché sur ce point ce que l'on taxait de condescendance exagérée. A considérer l'inutilité de ses efforts en certaines circonstances, et les ennuis qui vinrent parfois récompenser les peines qu'il s'était données, on pourrait croire que le reproche avait une apparence de fondement : l'on ne saurait toutefois s'y associer en se rappelant la parole inspirée : « Il n'achèvera pas le roseau brisé, il n'éteindra point la mèche qui fume encore. »

Si un prêtre avait des préoccupations, si le chagrin

oppressait son âme, s'il était aux prises avec quelques difficultés dans lesquelles personne ne lui tendait une main secourable, il pouvait en toute assurance aller à l'abbé Reverony. Paternellement, amicalement, le Vicaire général écoutait tout, répondait à tout, exhortait, consolait, indiquait les moyens les plus pratiques pour sortir de l'épreuve. Tous les instants et tous les endroits lui étaient bons, quand il s'agissait de prêter ainsi aux confidences de prêtres une oreille bienveillante : le trottoir d'une rue, le compartiment d'une voiture de chemin de fer : on l'a vu demeurer près d'une heure dans un square en conversation avec un prêtre qui se trouvait dans une passe difficile et qui lui exposait ses perplexités. Du reste, afin de se mettre mieux à même d'exercer ce ministère, qui est l'un des plus beaux que comportent les dignités ecclésiastiques, l'abbé Reverony s'appliquait soigneusement à bien connaître le clergé du diocèse et par là il était prêt à dire à chacun et à faire pour chacun ce qui convenait.

A d'autres égards, il était encore vraiment l'homme du clergé ; il ne savait refuser ni sa présence, ni sa parole quand elles étaient sollicitées pour quelque cérémonie, pas plus que les permissions qui pouvaient contribuer à donner à une fête un éclat plus grand ou un cachet plus spécial.

Telle fut sa vie publique dans son vicariat général. Sa vie privée resta ce qu'elle avait été, c'est-à-dire d'une religieuse régularité, d'une simplicité absolue. Les honneurs qui lui étaient rendus ne diminuaient pas son humilité : « J'étais fait pour être vicaire, disait-il, oh ! pas grand vicaire, non ; petit vicaire comme à Vaucelles, avec un bon curé pour tout diriger ; et encore à ce moment-là, j'étais trop jeune : il me semble qu'à présent je ferais un vicaire passable. »

Il n'avait pas cessé non plus d'aimer les pauvres. On a conservé moins de traits de sa charité relatifs à cette époque ;

ses lettres du moins laissent voir une constante préoccupation de prodiguer les secours, surtout quand la misère est
plus grande : il sollicite des aumônes, et son bonheur est de
distribuer les largesses ainsi recueillies.

Dieu voulut achever de perfectionner son âme en lui imposant alors de lourdes croix et en le visitant par des afflic-
tions très amères.

Il était depuis peu de temps seulement Vicaire général,
quand, au mois de juillet 1879, sa mère tomba soudainement
malade. Les dépêches succèdent aux dépêches pour appeler
auprès d'elle son cher Maurice, mais en vain se hâte-t-on,
en vain l'abbé Reverony s'empresse, les progrès du mal
sont plus rapides encore et le pieux et tendre fils ne peut
que pleurer sur le corps inanimé de sa mère. « Oh ! oui,
écrivait-il, le sacrifice a été grand ! immense ! Mère vénérée,
n'avoir pu lui dire ni merci, ni pardon, ni la bénir une
dernière fois, ni l'aider à faire de son dernier soupir, un
élan suprême d'amour ! ni lui fermer les yeux !... Mon
pauvre père tout seul près d'elle, presque aveugle, ne la
voyant pas mourir, la croyant mieux, foudroyé par le cri du
médecin !... Oh ! que Dieu est bon ! Il a voulu que notre
sacrifice soit complet, afin que le sien fût diminué. Pauvre
chère mère, elle en a eu le mérite !... Dieu lui en a épargné
la longueur !... Et le nôtre nous l'avons offert pour elle !...
Oui, Dieu est bon ! Vous ne sauriez imaginer quelle force il
a donnée à mon pauvre père. Sa douleur est immense, sans
bornes ! Sa résignation et sa foi sont plus grandes encore !...
Bien des fois, alors qu'il se croyait seul, je l'ai entendu
disant, à travers ses larmes : « Mon Dieu, je ne murmure
« pas ! » Et il a voulu, à la triste cérémonie, aller à l'église,
là où depuis quarante-cinq ans ils priaient l'un près de
l'autre, prier pour elle ! et dimanche, il a voulu, comme à
l'ordinaire, aller à l'office, disant à ses chères filles : « Mes

« enfants, ce n'est pas parce que Dieu nous afflige qu'il faut
« le servir moins bien... » Quelle belle lettre ! et comme elle
fait bien voir l'intime sincérité de ces autres paroles que
l'abbé Reverony écrivait quelques jours après : « Oui, ma
mère était bien bonne, bien chrétienne. Après celle du
baptême, c'est la plus grande grâce que le bon Dieu m'ait
faite de me la donner. »

La plaie faite au cœur de l'abbé Reverony par la mort de
sa mère n'était pas encore cicatrisée quand un nouveau coup
vint le menacer dans ses affections et dans son humilité.

Son confident et son ami va nous dire avec quelle humble
simplicité, quelle loyale franchise il refusa l'épiscopat.

« C'était le 8 décembre 1879. Absent de Bayeux pour toute
la journée, je ne devais rentrer chez moi que le soir, à nuit
close. Entrant dans mon antichambre, obscure à cette heure,
quelle ne fut pas ma surprise d'entendre la voix de M. Reverony : « Cher ami, me dit-il, je viens vous entretenir d'une
« petite affaire qui me concerne et vous demander votre
« avis. — C'est bien, mais pourquoi me confusionner ainsi,
« en restant dans cette antichambre sans lumière et sans
« feu ? — Il n'y a pas longtemps que j'y suis, reprit-il. » Il
y avait trois quarts d'heure et il faisait grand froid. Nous
entrâmes dans mon cabinet et il me fit part de ce qu'il appelait « une petite affaire. » — « Sans doute, vous avez prié,
« lui dis-je, je regrette que le temps ne nous permette pas
« de prier ensemble ; mais, à n'envisager que le bien que
« vous pouvez faire aux âmes, je crois qu'à votre place je
« refuserais. » C'est alors seulement qu'il me lut sa réponse
à la lettre qu'il avait reçue de M. Flourens. « C'est bien
« cela, envoyez-la. » Il se mit à genoux au pied de mon
crucifix, signa sa lettre, qu'il n'avait pas signée par délicatesse et la cacheta en me priant de la faire mettre à la
poste. »

Extérieur de la cathédrale de Bayeux.

Nous citons intégralement la lettre de M. Flourens et celle de M. Reverony.

Paris, 5 Décembre 1879.

« Monsieur le Vicaire général,

« J'ai l'honneur de vous prévenir que M. le Président de la République vient, sur ma proposition, de vous nommer à l'évêché d'Oran, en remplacement de Mgr Vigne appelé à l'évêché de Digne.

« Le témoignage unanime que les membres les plus vénérés de notre épiscopat ont rendu de vos mérites et de vos vertus a déterminé le Gouvernement à vous confier la mission de faire aimer notre religion et notre patrie à cette France nouvelle. Le sentiment du grand devoir que vous avez à accomplir triomphera des hésitations de votre modestie et je serai heureux d'avoir contribué à donner à nos populations algériennes, dignes de tant d'intérêt, un pasteur aussi méritant.

« Veuillez agréer, Monsieur le Vicaire général, mes félicitations respectueuses.

Pour le Ministre de l'Intérieur et des Cultes,
Le Conseiller d'État, directeur général,

FLOURENS.

Si flatteuse que fût cette lettre, si persuasifs que fussent les termes dans lesquels elle était conçue, elle causa au saint prêtre un véritable effroi. Il se recueillit devant Dieu, prit la plume et adressa, non sans l'avoir soumise au prêtre qui possédait sa confiance, cette réponse au ministère :

« Monsieur le Ministre,

« Au retour d'une absence de quarante-huit heures, je trouve la lettre par laquelle Votre Excellence veut bien m'annoncer que, sur la proposition qu'Elle lui a faite, M. le Président de la République vient de me nommer à l'évêché d'Oran.

« La confiance que le Gouvernement me témoigne en me désignant pour cette honorable et difficile fonction m'inspire autant de confusion que de reconnaissance.

« Soyez-en persuadé, Monsieur le Ministre.

« Mais sans parler de mon insuffisance pour un si lourd fardeau, d'impérieux motifs de famille m'imposent la nécessité de décliner cet honneur et de ne pas accepter ce fardeau.

« Mon vénéré père est âgé de plus de quatre-vingts ans ; il est aveugle. Ma mère, qui depuis plus de quarante ans était sa providence, sa vie, nous a été enlevée subitement il n'y a pas quatre mois. Le pauvre vieillard est encore sous le coup de ce malheur imprévu, irréparable, qui l'a brisé.

« Vous comprendrez, Monsieur le Ministre, que dans ces douloureuses conjonctures il m'est absolument impossible de lui imposer une séparation qu'il ne pourrait supporter. Veuillez donc faire agréer à M. le Président de la République, avec mes respectueux hommages, l'expression trop motivée, hélas ! du refus que j'ai l'honneur et le regret de vous adresser. »

L'abbé Reverony avait, disait-il lui-même peu de jours après, fait valoir d'autant plus volontiers le motif de piété filiale exprimé dans cette lettre que, « ne connaissant sa nomination que par le ministère, il pouvait croire se mettre ainsi à l'abri de ses redoutables faveurs ». L'affaire ne devait pas être si simple à régler qu'il l'avait pensé.

Bientôt, en effet, elle se compliqua.

Les Supérieurs ecclésiastiques étaient unanimes à approuver le refus et le motif de refus exprimés par le Vicaire général de Bayeux en ce qui concernait le siège épiscopal d'Oran. Mais le même refus devait-il être opposé, et les mêmes motifs restaient-ils valables s'il s'agissait d'un autre diocèse, d'un diocèse situé en France ? Tout le monde ne le pensait pas. Le cardinal Guibert eût voulu l'abbé Reverony évêque parmi ses suffragants ; l'Archevêque de Lyon le désirait pour un diocèse de sa province ; le bon M. Grandvaux négociait afin d'avoir son ancien pénitent pour évêque à Saint-Claude. Monseigneur l'Évêque de Bayeux, obligé de faire effort sur lui-même pour se résigner, montrait, ainsi que s'exprimait M. Grandvaux, une abnégation digne de lui. Enfin, le vénéré M. Icard, supérieur général de la Compagnie de Saint-Sulpice, « considérait comme probable qu'il fût dans les desseins de la Providence d'imposer à l'abbé Reverony la charge que celui-ci avait grandement raison de redouter ». Le saint prêtre répondait : « Ma résolution est d'obéir à la voix de mes supérieurs, organe de la volonté de Dieu, » et toujours préoccupé de la situation que créerait à son père une soumission douloureuse : « J'espère, disait-il, de la grâce de Dieu, que mon vieux père, lequel ne pourrait quitter sa demeure pour me suivre, saurait cette fois encore, comme il l'a toujours fait et nous l'a toujours conseillé, préférer le devoir aux sentiments de la plus légitime affection. »

Cependant, la lettre de M. Reverony au ministre des Cultes n'avait nullement tranché la question. Afin de hâter la solution définitive, Monseigneur l'Évêque de Bayeux se rend à Paris et accomplit diverses démarches. On crut tout d'autant mieux fini que Mgr Lavigerie présentait pour le siège d'Oran un candidat autre que l'abbé Reverony. La dislocation du ministère, arrivant quelques jours après, vint confirmer dans cette opinion tous ceux qui s'intéressaient à l'affaire.

Mais voilà que, le 26 janvier 1880, M. Icard écrivait à M. Reverony que la question de sa nomination à Oran n'était pas abandonnée. Le Nonce se trouvait, disait le vénéré supérieur, dans un très grave embarras avec le Gouvernement. Celui-ci s'imaginait qu'il y avait dans les refus opposés à ses projets de nomination un parti pris venant d'une conspiration contre lui. La situation était très tendue entre le ministre et le Nonce qui avait, au nom du Pape, chargé M. Icard d'intervenir près de l'abbé Reverony et de lui demander, pour le bien de l'Église, le sacrifice de ses répugnances.

« Je suis atterré de votre lettre, répondait aussitôt le saint prêtre, je me croyais à l'abri de ce fardeau redoutable ! Mon Dieu ! que faire ? Je vous demande vingt-quatre ou quarante-huit heures pour consulter et prier. Je vous répondrai ensuite.

« Mon pauvre père !

« Que Dieu ait pitié de moi ! Priez pour moi. »

Le conseil qui fut donné à l'abbé Reverony, fut celui de se rendre en personne à Paris. Laissons-le raconter lui-même ce voyage. « Je me rendis à Paris, le 29 janvier, pour examiner sur place la question de savoir s'il y avait dans les circonstances dont m'entretenait M. Icard, dans sa lettre de la part du Nonce, un motif d'ordre supérieur assez puissant pour me faire revenir sur mon refus. J'avais prié en route, mon parti était pris de plus en plus de me soumettre religieusement à la décision qui me serait donnée.

« M. Icard me dit que, pour apprécier la situation et trancher la question, personne n'était plus compétent que le vénérable Cardinal Archevêque de Paris. J'allai bien volontiers le voir. Il connaissait la situation générale ; un peu aussi, me sembla-t-il, ma situation particulière. Je la lui expliquai en détail, aussi bien que l'entrevue du Nonce et de M. Icard.

« Son Éminence me dit que le motif que j'avais mis en avant pour refuser était légitime, louable, plus que suffisant pour rassurer ma conscience et me déterminer à maintenir mon refus : que cette première raison était justifiée par cette considération que Monseigneur l'archevêque d'Alger avait un candidat qui n'était pas moi, et qui bien mieux que moi serait apte à remplir ce poste; que je ne devais donc pas hésiter à maintenir mon refus.

« Je me retirai bien soulagé. Je retournai immédiatement au séminaire : je fis part de cette décision à M. Icard et à M. Grandvaux qui la confirmèrent de leur autorité, et séance tenante, sur le bureau de M. Icard, je lui écrivis la lettre suivante, afin qu'il la mît sous les yeux du Nonce :

Bayeux, 29 janvier 1880.

« Monsieur et vénéré Supérieur,

« Vous avez pu voir par ma lettre d'avant-hier combien la vôtre m'avait impressionné. J'ai donc dû me remettre en face de la question que je croyais définitivement tranchée. Je l'ai fait aussi surnaturellement que je l'ai pu. J'ai prié de tout mon cœur, longuement réfléchi, pesé à nouveau les motifs qui m'avaient inspiré mon refus du mois de décembre. Vu la gravité de la situation, j'en ai même dit quelque chose à mon père. Hélas ! je me suis heurté à une telle douleur, qu'en conscience je ne crois pas pouvoir lui imposer le sacrifice d'une séparation telle que, malgré sa foi, son âge avancé ne lui permettrait pas de la supporter.

« Son Excellence Monseigneur le Nonce ne pourra pas avoir l'idée que cette décision me soit le moins du monde inspirée par une pensée d'opposition. Je suis, au contraire, désolé de ne pas pouvoir mieux faire. D'ailleurs, je vous envoie la copie de la lettre par laquelle je répondis à celle de M. le Ministre qui me notifiait ma nomination. Je vous serai reconnaissant, si vous le trouvez bon, de la mettre sous les yeux de son Excellence Monseigneur le Nonce. »

« A cette lettre, je joignis la copie de celle que j'écrivis au Ministre le 8 décembre. Je confiai tout cela à M. Icard et repris sur le champ la route de Bayeux. »

Et l'abbé Reverony ajoutait : « Que Dieu fasse le reste ! » Dieu fit le reste en effet, et l'abbé Reverony demeura Vicaire général de Bayeux.

La Providence lui réservait à brève échéance, dans ce poste, un ministère extrèmement délicat et pénible.

C'était le temps où commençait la persécution contre les ordres religieux. Un gouvernement soi-disant libéral et s'affirmant athée lançait le 28 mars 1880 les trop fameux décrets d'expulsion contre les Congrégations et les ordres religieux.

Le diocèse de Bayeux comptait deux maisons des ordres visés par ces décrets : le monastère des Pères Prémontrés à Mondaye, et le couvent des Franciscains de Sainte-Paix (paroisse de Vaucelles à Caen).

L'abbé Reverony aimait en général tous les ordres religieux et chacune de leurs maisons; mais des motifs tout particuliers l'attachaient aux monastères de Mondaye et de Sainte-Paix.

Le monastère de Mondaye comptait parmi ses religieux d'anciens maîtres de Sainte-Marie, et spécialement celui à qui, après M. Mabire, l'abbé Reverony avait été le plus affectionné.

Le couvent de Sainte-Paix ne pouvait pas ne pas avoir toutes les sympathies du tertiaire de Saint-François et de l'ancien vicaire de Saint-Michel de Vaucelles.

Le saint prêtre était donc atteint au plus vif de ses affections par les odieux décrets.

Quand vint le moment de l'expulsion, il était certes disposé à donner, en son nom personnel, aux victimes des sectaires les marques de la plus tendre compassion : il eut à les assister à un autre titre. Monseigneur l'Évêque de Bayeux voulut confier à son Vicaire général le soin de sauvegarder les droits de l'autorité épiscopale, contre les attentats qui seraient dirigés contre elle, et de protester, en son lieu et place, contre les violences qui seraient accomplies. Le pieux et dévoué Prélat avait d'ailleurs tenu à visiter lui-même, peu avant les jours néfastes, les religieux menacés, et il devait hautement soutenir leur cause dans une lettre très ferme au Préfet du Calvados.

L'abbaye de Mondaye fut la première attaquée par les crocheteurs. Le mercredi 3 novembre, on attendait l'assaut. Il ne fut pas donné. Dans la nuit du mercredi au jeudi, les Pères veillaient et l'abbé Reverony avec eux. Quelles heures, grand Dieu !... Les religieux et les prêtres qui étaient là célébraient la messe de nuit comme dans les plus mauvais jours ; à chaque instant on croyait entendre les pas des exécuteurs. Enfin, à huit heures et demie, le commissaire de police sonnait à la porte de l'abbaye. Après quelques pourparlers, la porte extérieure était défoncée à coups de hache, puis celle du cloître était à son tour brisée, et les forbans se trouvaient en face des religieux, de leurs conseils (1) et de leurs amis. Au premier rang de ceux-ci était l'abbé Reverony. On veut l'expulser comme on expulse d'autres prêtres

____

(1) MM. de Panthou, etc...

et d'autres témoins dont la présence gêne les crocheteurs.
« Je suis ici au nom de Monseigneur, répondit-il avec
calme (1), le monastère sert de presbytère, je dois veiller
aux intérêts religieux de la paroisse qui pourraient être mis
en péril, je resterai. » Il fallut bien en passer par là. Avec
quelle affliction l'abbé Reverony vit enfoncer les portes de
toutes les cellules ; avec quelle peine profonde il assista à
ce douloureux spectacle de religieux chassés violemment de
leur domicile, au mépris de tout droit et de toute légalité,
et dont out le crime était de s'être réunis sur une terre
française dans une maison commune, afin de servir Dieu plus
parfaitement !

Trois jours plus tard, le Vicaire général reprenait près
des Franciscains le même triste ministère. Il était avec eux
le dimanche 7 novembre, passait en leur compagnie la nuit
du dimanche au lundi, entendait le lundi matin les vociféra-
tions que proférait contre eux, durant quatre heures, sans
que la police intervînt, une troupe d'étrangers amenés de
Paris et du Havre et soudoyés pour fomenter le désordre ;
il voyait voler en éclats, sous une grêle de pierres, toutes les
vitres du couvent ; il partageait les dangers courus par les
religieux (parmi les pierres lancées, il y en avait qui pesaient
1 kilogramme et elles avaient pénétré fort avant dans la maison). Enfin, le mardi matin, sous les yeux des émeutiers de
la veille, les malfaiteurs officiels commençaient leur sinistre
besogne. Lorsqu'ils furent entrés dans le cloître, ils émirent
la prétention d'apposer les scellés sur les portes, tant extérieures qu'intérieures de la chapelle. L'abbé Reverony com-

1 Le calme de M. Reverony était si complet que, même en cette circonstance, la malicieuse finesse de son esprit ne pouvait perdre ses droits. Le
sous-préfet de Bayeux ayant voulu pénétrer, malgré tout, dans une cellule
innommée, le Vicaire général laissa échapper cette exclamation : « Ministère
Constant ! »

battit cette prétention : « Cette chapelle, dit-il au commissaire de police, n'est ni un oratoire privé, ni une chapelle de communauté : c'est une annexe de la paroisse de Vaucelles. » Le commissaire prétexta, pour passer outre, qu'il avait des ordres écrits lui enjoignant de ne se laisser arrêter ni par les protestations, ni par la production d'aucun titre de procédure. L'abbé Reverony ne prit point le change : « Mes réclamations ne se fondent pas sur un titre de procédure, mais sur un titre d'autorisation régulière d'ouverture de la chapelle de Sainte-Paix comme annexe de l'église de Vaucelles ; ce titre est une loi du premier consul. » Et alors, il donna lecture au commissaire de police d'un décret du 5 ventôse an XII et proposa à ce fonctionnaire de lui remettre une copie authentique de cette pièce.

Le commissaire refusa et manifesta l'intention de poursuivre l'exécution des instructions qu'il avait reçues. « Au moins, dit alors l'abbé Reverony, vous me laisserez emporter le Saint-Sacrement à l'église de la paroisse. — Mettez le saint ciboire dans un oratoire de la maison des Pères, répond le commissaire. — Il n'y a aucun rapport entre la question de la communauté et celle de la chapelle annexe de Vaucelles : j'irai donc à la paroisse. — Mais vous ne pourrez traverser la foule sans qu'il se produise du désordre. — Je réponds de l'ordre », répliqua le grand Vicaire. Le commissaire ne savait plus quelle attitude garder. Il se décida enfin à prendre la copie authentique du décret et la remit à un de ses subalternes qu'il envoya prendre près du préfet intérimaire un supplément d'instructions. Au bout d'un quart d'heure, le subalterne revint ; la cause de la chapelle était gagnée, les portes extérieures demeuraient ouvertes au public et sur les portes intérieures seules étaient apposés les scellés. C'était une belle victoire due au calme, à l'énergie, à la présence d'esprit de l'abbé Reverony.

Quelques instants après, se passait une scène d'un autre genre, où se manifestait la bonté des religieux et de l'abbé Reverony lui-même. Le malheureux commissaire qui dirigeait l'expulsion était un ancien séminariste ayant porté la soutane. Au moment où il faisait sortir violemment du couvent un témoin de l'un des Pères, ce témoin lui rappela ses antécédents. Le pauvre policier se mit à fondre en larmes tout en disant qu'il n'est pas déshonorant de quitter la soutane quand on n'a pas la vocation. Les religieux calmèrent sa douleur avec une charité évangélique, et l'abbé Reverony lui dit : « Allons, Monsieur, ne pleurez pas ; certes il n'y a rien de blâmable dans la façon dont vous avez renoncé à la soutane. » Le commissaire, parvenant à se contenir, commanda alors d'enfoncer la porte suivante. Mais de nouveau, suffoqué par les larmes, il rentra tout aussitôt dans la cellule qu'il venait de quitter, fit sortir les laïques, et demeura quelque temps dans la cellule avec le P. Bénigne, supérieur de la communauté, un autre religieux, et l'abbé Reverony. Quel tableau et quelle leçon !

Après ces jours d'angoisses, le Vicaire général reprit le cours de ses occupations ordinaires ; mais désormais, dans sa vie, les chagrins allaient se multiplier. « Jésus qui sait que nos jours sont comptés, disait-il, multiplie les sacrifices afin que nous soyons prêts quand son heure sonnera. » — « Au lieu donc de dire à Dieu, quand nous sentons l'immolation : Pas si vite, Seigneur ! lui crier comme saint François-Xavier : Encore plus, Seigneur, encore plus ! »

Au mois d'avril 1883, il perdait son frère Henri, alors que ce frère si aimé était si nécessaire à leur pauvre père, si nécessaire aussi à ses enfants, dont l'aînée n'avait pas encore fait sa première communion et dont la plus jeune, filleule de l'abbé, marchait à peine. Mais au moins l'abbé Reverony ne fut-il pas privé d'assister son frère à l'heure suprême. Il lui prodigua les soins les plus dévoués : ce fut à lui que le mourant voulut faire sa dernière confession, ce fut lui qui lui apporta le saint Viatique et lui donna l'Extrême-Onction. Et quand ce frère bien-aimé eut rendu le dernier soupir entre ses bras, le saint prêtre témoigna à ses enfants orphelins un intérêt tendre et actif qui montrait bien que, comme il l'avait dit souvent, l'amour de Dieu n'avait point éteint, mais agrandi et avivé dans son cœur les affections de la famille.

Quelques années après, le **28 février 1887**, son père lui était ravi, et le lendemain même, il apprenait la mort de son oncle, M. Anatole de Vendeuvre. Ces séparations multipliées déchiraient son cœur, mais n'altéraient pas la sérénité de son âme. Il puisait dans sa foi et sa piété des consolations profondes et puissantes ; il trouvait surtout dans la vie et dans la mort de ceux qu'il pleurait des espérances capables d'adoucir toutes les douleurs. Le souvenir mortuaire qu'il composa pour son père est une touchante manifestation de ses admirables sentiments : « Autant d'honneur que d'années », écrivait-il fièrement à la première page de ce souvenir, et tout aussitôt : « L'honneur d'un père est le plus glorieux héritage de ses fils. » Puis, empruntant le langage de la Sainte Écriture, il composait cet éloge si beau et vrai à la lettre du vénérable défunt : « C'était un homme modeste, droit et bon, craignant Dieu, fuyant le mal, le trésor et le guide de ses enfants. Brisé par la perte d'êtres chéris, sa douleur fut douce autant que profonde, ses yeux privés de lumière pleuraient, ses lèvres ne murmuraient pas. Dieu lui avait donné la force en partage, sa vigueur lui resta jusqu'à la fin, et tous ont pu voir qu'il n'est rien de meilleur que la fidélité dans le service de Dieu. Il nous a laissé ce qu'il y a de plus précieux : l'espérance de le rejoindre dans le séjour de l'éternité, et, sur la terre, le souvenir de ses conseils, l'image de ses vertus et les exemples de sa vie. » Quelle harmonie devait exister entre le cœur du père qui avait mérité d'être ainsi loué, et le cœur du fils qui savait ainsi traduire son admiration.

L'abbé Reverony trouva des accents non moins touchants pour honorer la mémoire de son oncle, M. Raymond de Vendeuvre, le héros de Reischoffen que la mort vint aussi frapper le 18 mars de la même année.

Au milieu de toutes ces épreuves, une joie bien douce était réservée à l'abbé Reverony : il put revoir Rome, non plus, hélas ! la Rome du concile avec ses prélats, avec sa gloire, avec la joie de sa population heureuse sous la paternelle autorité du Pape. Comme lui, Rome était en deuil ; et si son cœur débordait de regrets, il allait saluer un Pontife dont l'âme était abreuvée d'amertumes. Mais c'était Rome et c'était le Pape. Aussi le saint prêtre, si dévoué à l'Église, accepta-t-il avec bonheur la direction du groupe de pèlerins de Bayeux qui, réunis à ceux de Coutances, et sous la conduite de l'Évêque de ce diocèse prirent le chemin de l'Italie. Il se montra dans ce pèlerinage ce qu'il était toujours, plein d'aménité, d'affabilité, de bienveillance pour tous ses compagnons de route. Ceux qui le virent de plus près, pendant ce long voyage, purent apprécier quelle était l'élévation de ses vues, la grandeur de ses sentiments, la générosité de ses intentions : ils purent surtout juger de son humilité et de son esprit de sacrifice.

« Je vais à Rome, c'est bon, écrivait-il. Allons au ciel, c'est bien meilleur. »

Il fut heureux de revoir Rome, plus heureux de voir Léon XIII, mais il fut extrêmement discret dans la manifestation de son bonheur. En d'autres temps, il avait eu de ravissantes expansions; maintenant, il semblait qu'un lourd fardeau pesât sur cette existence hélas! près de s'éteindre. Était-ce la pensée de tous les malheurs qui venaient de fondre sur sa famille? Était-ce le sentiment d'un certain isolement? Était-ce un pressentiment de sa fin prochaine? C'était tout cela, peut-être, à la fois.

Sa santé le forçait à restreindre son ministère pour se donner davantage à ses devoirs de Vicaire général. Il ne prêchait plus; il confessait moins.

D'ailleurs, à une bonté qui allait jusqu'à la mansuétude, il unissait une distinction de manières si exquise, une si grande finesse, une telle indifférence pour tout ce qui n'était qu'humain, sa parole avait tant d'autorité que beaucoup en avaient peur. Il le savait, et s'en servait à l'occasion comme d'un moyen pour éviter les relations ou les discours inutiles. Dans l'intimité seulement il avait gardé, en dépit des épreuves et des souffrances, un délicieux abandon qui, sans lui faire jamais perdre cette dignité sacerdotale qui le caractérisait, le rendait simple comme un petit enfant.

Si le pèlerinage de Rome fut le dernier acte extérieur important de la vie de l'abbé Reverony comme Vicaire général, la première communion de la plus jeune de ses nièces fut sa dernière joie en ce monde. Il aimait à en parler; « Le bon Dieu a été bien bon, répétait-il, j'ai été bien heureux. » — « Ma petite nièce a beaucoup prié pour vous le jour de sa première communion, disait-il encore, parce qu'elle savait qu'en priant pour vous, elle me ferait plaisir. » Il était radieux en décrivant la cérémonie, rien n'était oublié. C'était une joie pour lui de s'être retrouvé dans sa chère église de Saint-Pierre, au milieu de cette paroisse qu'il aimait toujours du meilleur de son cœur.

Les consolations qu'il avait goûtées là semblaient lui avoir rendu un peu de ses forces d'autrefois. Il donna quelques ser-

mons, prêcha même une première communion, en reconnaissance des douceurs ressenties à celle de sa chère petite
nièce.

La dernière heure arrivait cependant, celle dont il avait
dit : « Mourir est effrayant, mais s'endormir sur le Cœur de
Jésus est ravissant. »

CHAPITRE XIII

Les derniers jours. — La mort.

Depuis longtemps déjà, la santé de l'abbé Reverony était chancelante et causait de sérieuses inquiétudes à ceux qui désiraient le voir vivre de longues années pour le plus grand bien de l'Église et des âmes.

Quelques-uns font remonter l'origine du mal dont il souffrait au temps où il se dévouait auprès des cholériques. Il est permis de croire, en effet, que des séjours prolongés dans une atmosphère viciée n'avaient pas été sans influence sur sa constitution, d'ailleurs robuste. Les fatigues et les privations de la guerre n'avaient pas été non plus sans laisser dans son organisme des traces profondes et funestes.

Quoi qu'il en soit, Vicaire général, l'abbé Reverony fut souvent souffrant. Il ressentait parfois des douleurs très vives, et on l'a vu, dans l'intimité d'une causerie toute surnaturelle avec ses filles du cloître, se prendre la tête à deux mains et s'écrier à mi-voix : « Mon Dieu! c'est atroce. » Puis, reprenant bien vite son empire sur lui-même : « Sur quel sujet désirez-vous que je vous parle aujourd'hui, mon enfant? » Et, appuyant sa tête sur sa main pendant une demi-heure, trois quarts d'heure quelquefois, sa parole facile, énergique, convaincante, remplie d'onction divine, traduisait les sentiments dont son cœur était plein pour ce Dieu qui le possédait bien tout entier.

Tant qu'il put dominer ses souffrances et travailler quand

même, il les supporta avec une bonne grâce charmante :
« Si je l'avais pu, écrivait-il un jour, je serais allé vous
voir... Dès qu'il y aura moyen, je le ferai ; mais, pour le moment, je suis un peu mis à toutes les sauces, sans compter
celle de l'infirmité. » Une autre fois, il remercie de douceurs
envoyées pour sa gorge toujours malade, avec l'effusion de
sainte Thérèse remerciant d'une orange ou d'une grenade :
« Si vous n'étiez pas mon enfant..., si nous n'étions pas en
carême..., si je n'aimais pas à voir la bonté de Dieu dans
celle de ses créatures..., si la simplicité n'était pas une
vertu..., je me fâcherais !... Mais je ne me fâche pas, je
vous remercie et je vous bénis. » Puis il ajoute : « Priez
pour moi, cela vaudra mieux encore. »

Un accident qui lui survint en chemin de fer, à l'époque
du pèlerinage à Rome, paraît avoir été la cause déterminante
de la dernière crise. Souvent, durant le dernier hiver qu'il
passa, il dut garder la chambre ; que de mots charmants il
écrivit alors !...

Un jour, on lui écrit en grande hâte pour le consulter sur
une question pressante, et on demande s'il pourra lire et
comprendre une lettre écrite ainsi en courant. Il répond :
« J'ai lu, j'ai compris, je réponds ; c'est presque comme
César !... » Une autre fois, dans les premiers jours de
l'année qui devait être pour lui la dernière, avant le jour
sans déclin de l'Éternité, il écrit : « Entrons bravement et
humblement dans la nouvelle année ! Qu'elle soit parfaite par
amour de Jésus ! » Et enfin, plus tard, il envoie ce billet
ravissant, choisi entre beaucoup d'autres qui le valent : « Le
temps me manque ! Je n'ai que celui d'écrire un mot, un
seul mot !... vous pensez bien que je n'hésite pas dans le
choix : Jésus !... Jésus !... voilà le mot qu'il faut toujours
avoir sous les yeux..., sur les lèvres... dans le cœur !...
écrire en lettres vivantes dans les moindres détails de notre

vie!... Il est la lumière, le modèle, l'onction de notre sacrifice, la joie de notre immolation! Jésus! Jésus! Aimez-le,
imitez-le! Qu'Il vous bénisse et vous immole! — *Hic et
nunc* (1). »

Quand l'abbé Reverony parlait de Jésus avec de tels
accents, ne le voyait-il pas déjà dans la gloire l'appelant au
repos des saints?...

La maladie s'aggrava à la fin de juillet 1891. Le repos
était nécessaire. Il se retira à la campagne chez des amis
dévoués, et, pendant quelques jours encore, il put jouir de
la vie de famille. Combien on l'aimait dans ces relations
intimes, et comme on était charmé de le voir se faire tout à
tous et montrer surtout sa condescendance envers les enfants;
jouant avec eux, se prêtant de la meilleure grâce à leurs
fantaisies, et s'efforçant toujours de développer dans leurs
cœurs les sentiments d'une piété douce et aimable.

Le 12 août, après avoir célébré la sainte messe, il fut
pris d'une violente douleur; depuis ce jour-là, il ne cessa de
souffrir.

Il eût été trop pénible à son cœur, si plein de tendresse
pour la Très Sainte Vierge, de ne point monter à l'autel le
jour de l'Assomption. La famille dans laquelle il vivait possédait une chapelle domestique. L'abbé Reverony tint à y
célébrer la sainte messe le 15 août. Au prix de quelles souffrances! l'altération de ses traits au moment où il achevait
le saint Sacrifice ne le disait que trop. Ce fut la dernière fois
que le saint prêtre immola la divine Victime. Il ne lui restait
plus qu'à consommer sa propre immolation. Dans son vif
regret de ne pouvoir, à pareille fête, assister aux offices de
la paroisse, il passa toute cette journée en prières, partageant ses moments entre la récitation du chapelet et de

____

(1) Ici et maintenant.

longues visites au Saint-Sacrement dans lesquelles, certainement, il pratiquait ce qu'il conseillait un jour : « Quand
on est à sec on crie *Sitio !* et notre pauvre cri trouve dans
celui de Jésus sur la croix une grâce qui le fait arriver jusqu'à
Dieu, dont le Cœur, quand et comme il le veut, s'épanche
en torrents, quelquefois amers, mais qu'est-ce que cela fait?
de bénédictions. Allons, crions... de toutes nos forces... Dieu,
notre bon Maître, écoute !... »

Voyant qu'il ne pouvait vaincre le mal, le médecin crut
que l'air de la mer apporterait au malade quelque soulagement. Docilement l'abbé Reverony revint à Caen, où il passa
trois jours fort pénibles et il partit ensuite pour Riva-Bella,
petite plage à quelques kilomètres de Caen.

De tous les côtés l'on demandait à Dieu sa guérison et les
prières étaient d'autant plus ferventes qu'à la grande joie
de tous la guérison devait apporter enfin à l'abbé Reverony
la dignité épiscopale. Le bruit s'en répandait un peu partout.
Ses chères filles du Carmel en surent quelque chose par
leurs sœurs d'Angoulème qui s'enquéraient des qualités de
leur futur évêque.

Elles crurent ne pouvoir mieux faire que de transmettre à
leur vénéré Père la demande qui leur était adressée et qui
leur inspirait une si vive crainte de le perdre. Il répondit
par l'admirable lettre que voici, la dernière probablement
qu'il ait écrite.

« Mon Enfant,

« La lettre que vous m'avez communiquée avec tant de
filiale simplicité eût été pour moi un coup de foudre et
m'eût causé une affreuse épouvante si Jésus ne connaissait ma misère, mon incapacité, mon indignité ! mais Jésus
est là !

« Il est difficile que vous ne répondiez pas. Dites la vérité : qu'il s'agit d'un pauvre hère qui n'a rien de ce qu'il faudrait, et demandez à vos chères Sœurs d'Angoulême de prier pour épargner à leur diocèse un semblable malheur. De plus, n'ayez pas peur. S'il y a quelque chose de fondé dans le bruit arrivé jusqu'à vous, il en sera cette fois comme des autres : par la miséricorde de Jésus tout s'évanouira. »

Puis, parlant de sa santé, il ajoutait : « Le médecin m'a envoyé ici pour respirer l'air fortifiant de la mer, et prendre quelques bains chauds. Demandez à Notre-Seigneur de bénir ce séjour, et de me rendre des forces que je serai si heureux de dépenser pour vos chères âmes. »

Les forces ne devaient pas revenir. Cette lettre était du 22 septembre, lendemain du jour où l'abbé Reverony était arrivé à Riva-Bella.

Les jours suivants, le mal ne fit que s'aggraver. Le saint prêtre souffrait avec un courage et une patience extrêmement édifiante. On l'entendait répéter : « Mon Dieu, ayez pitié de votre pauvre serviteur ! O Jésus, mon amour, j'adore et j'accepte. Amour et pénitence ! » ou bien : « O Jésus, vous êtes tout mon amour, mon secours, ma confiance, mon espérance pour moi et pour tous les miens. O Jésus, amour de mon cœur, aidez-moi, soutenez-moi, donnez-moi la patience, la résignation, l'amour. » Ou bien encore : « O Jésus, j'accepte tout ce que je souffre, tout ce que je sens, ce qui me coûte, je vous offre tout cela par amour. Je fais le sacrifice de tout avec humilité, confiance, amour, et, si vous le permettez, avec générosité. O mon Dieu, prenez soin de mon âme. » Et, disent ceux qui l'entendaient, l'accent avec lequel il prononçait le nom de Jésus était plein d'un amour infini. N'avait-il pas écrit, six mois avant sa mort :

« Quel bonheur de chanter, vivre et mourir à l'unisson de Jésus ! »

Dieu agréait le sacrifice de son serviteur. Une consultation eut lieu le 30 septembre. Les médecins ne dissimulèrent point au malade qu'il valait mieux rentrer à Caen. Le retour eut lieu le surlendemain vendredi, jour de la fête des Saints Anges. Quelqu'un fit observer que ces célestes Gardiens protégeraient le voyage. « Oh ! oui, dit l'abbé Reverony. Et puis, ajouta-t-il d'une voix émue, c'est aujourd'hui le jour de la mort de mon Sauveur. »

Le trajet fut très douloureux et il n'était pas sans danger. L'abbé Reverony fut heureux de se retrouver chez lui. A peine arrivé, il demanda que tout fût disposé afin qu'il pût recevoir le lendemain la sainte Eucharistie : ses pieuses nièces préparèrent tout sous sa direction. Le lendemain, le saint malade reçut avec un bonheur ineffable sa dernière communion.

Quelques heures après, la Providence lui procurait une grande consolation. Son frère, alors colonel du 8ᵉ régiment de hussards, retenu jusque-là par les grandes manœuvres, arrivait près de lui. Depuis ce moment jusqu'à l'instant suprême ils ne se séparèrent plus, et ce fut, durant huit jours, un spectacle touchant que celui de ces deux frères : l'un mourant et rendant à l'autre le courage et l'énergie ; celui-ci, brisé par l'affliction, s'efforçant par des soins assidus de retenir, en cette vie terrestre, le frère qui lui avait été si dévoué.

Cependant on voulait épuiser les dernières ressources de la science. On décida le malade à permettre que l'on appelât auprès de lui une célébrité médicale de Paris, le Dʳ Peter. Il voulut toutefois, avant de le voir, recevoir les derniers sacrements. Le Dʳ Peter ne donna point d'espoir, il dit seulement que le dénouement pouvait se faire attendre quelques mois encore. Toute négative que fût cette appréciation, il sembla qu'elle apportait un peu de soulagement et qu'elle permettait de respirer.

Il fallut bientôt convenir de la triste réalité. Les forces déclinaient rapidement. Le vendredi soir, des symptômes inquiétants se manifestèrent : le saint malade demanda qu'on priât pour lui. Vers minuit, il réclama les prières des agonisants, puis il exprima le désir que l'Indulgence plénière *in articulo mortis* lui fût appliquée. Son frère courut avertir M. le Curé de Saint-Jean.

A ce moment, il fit dire par la religieuse qui le veillait à ses belles-sœurs et à ses nièces qu'il serait heureux de les bénir. Elles s'approchèrent, et avec un accent inexprimable il prononça ces paroles, suprêmes adieux de son cœur si bon, si saintement affectueux, si généreusement prodigue de lui-même :

« O Jésus ! Je bénis tous ceux que vous m'avez unis par les liens si tendres et si doux de la famille. Qu'ils soient heureux ! qu'ils conservent notre grand trésor de la famille : l'union des cœurs ! Pauvres chères petites filles, elles avaient un bon oncle qui les aimera autant et plus qu'il ne les avait aimées, et, si le bon Dieu permet que je reçoive la récompense, je veillerai, je prierai. Je les bénis de tout mon cœur.

« Je bénis toutes les fonctions que j'ai exercées, toutes les communautés qui m'ont été confiées, toutes les personnes dont je me suis occupé. Je bénis ceux et celles qui m'ont aidé à faire du bien dans les paroisses où j'ai été. O Cœur de Jésus vivant dans la sainte Eucharistie, je vous charge de ma reconnaissance, je vous prie d'en acquitter la dette. Je bénis ceux qui ont eu la charité de m'aimer et ceux qui ont prié pour moi; je bénis ceux qui ne m'aimeraient pas, s'il y en avait. Miséricordieux Jésus, je remets mon âme entre vos mains, et je ne désire qu'une seule chose : que votre sainte volonté soit faite. Pardon, ô mon Jésus, de mes défaillances, de mes faiblesses; je n'ai de confiance que dans votre grande miséricorde. O Jésus, mon amour, je demande pardon à ceux que j'aurais pu scandaliser, affliger en quelque manière que ce soit; je les bénis tous. Je bénis tous ceux qui sont ici présents et tous ceux que j'aime pour le temps et pour l'éternité. »

Cependant M. le Curé de Saint-Jean arrivait en toute hâte. Il donna au saint malade l'Indulgence plénière *in articulo mortis* et lui suggéra de faire la communion spirituelle. Avec quel accent le pieux moribond répéta : *Veni, Domine Jesu* (1)! Comme son âme s'élançait vers ce Jésus qu'il avait si fidèlement aimé et servi ; dont il avait célébré les mystères avec tant de respect et de dévotion, et qui maintenant venait à lui, non plus sous les voiles eucharistiques, afin de le soutenir dans la lutte, mais dans la splendeur de sa gloire, pour mettre sur son front la couronne du triomphe !

A partir de ce moment, l'abbé Reverony se tourna tout entier vers le ciel. Il ne cessait de prier.

Bientôt l'agonie commença. Elle fut longue et cruelle. A huit heures et demie du matin, entouré de tous les siens qui l'aimaient tant, l'abbé Reverony rendait à Dieu son âme. Il avait vécu sur la terre un peu plus de cinquante-cinq ans.

A la nouvelle de sa mort, ce fut un deuil général dans le diocèse. On vit alors quelle place ce prêtre si humble, qui n'avait cherché qu'à faire le bien en toute simplicité, tenait dans les cœurs.

Ses funérailles furent un triomphe mêlé sans doute de beaucoup de larmes, mais proclamant très haut toute l'estime

---

(1) Venez, Seigneur Jésus.

et toute l'affection qu'avait su se concilier le vénéré défunt. Elles eurent lieu le mardi 13 octobre, sous la présidence de Mᵍʳ Hugonin, dans l'église Saint-Jean à Caen. L'assistance était considérable. Plus de trois cents prêtres qui, comme s'exprime l'acte mortuaire inscrit dans les livres de la paroisse, « avaient été tous ses amis, plusieurs ses condisciples et beaucoup ses obligés », s'étaient donné rendez-vous autour de sa dépouille mortelle. A eux s'était jointe une foule nombreuse de magistrats, d'officiers, d'hommes de toute condition, de fidèles de tout rang qui se pressaient dans l'église, trop petite pour les contenir, ou se tenaient sur le parcours suivi par le cortège.

Ce fut un moment d'une indicible émotion que celui où le cercueil, traversant le chœur de l'église, franchit les marches du sanctuaire sur lesquelles le petit Maurice était venu s'agenouiller, afin de recevoir pour la première fois la sainte communion, et alla toucher l'autel où, devenu prêtre, il avait célébré sa première messe solennelle.

Bientôt après, lorsque le saint Sacrifice fut achevé, M. le Curé de Saint-Jean monta en chaire ; « avec l'éloquence du cœur et une émotion profonde », il retraça la vie du saint défunt. Dans l'auditoire religieusement attentif, des sanglots étouffés ponctuaient presque chaque phrase de son discours, et quand, à la fin de cette allocution, le vénérable orateur, laissant lui-même couler ses larmes, dit pour toute conclusion, d'une voix entrecoupée : « Frère vénéré, j'ai eu la douleur de vous contempler à vos derniers moments, j'ai été témoin de votre généreux sacrifice, j'ai ressenti l'étreinte de votre main déjà froide et humide de la sueur de l'agonie, j'ai entendu votre affectueux merci, non, je ne l'oublierai jamais ; et plein des souvenirs d'une telle vie couronnée par une telle mort, je ne forme qu'un désir, c'est que ma mort soit semblable à la vôtre : *Moriatur anima mea morte justorum !* (1) *Amen* » ; un frisson parcourut toute l'assistance : c'était bien là le vœu que chacun formulait au fond de son cœur.

La dépouille mortelle, précédée d'un immense cortège, fut portée au cimetière de la paroisse Saint-Jean et déposée dans le caveau qu'y possède la famille Reverony. C'est là, à côté des cendres de son père, de sa mère, de son frère Henri, que reposent les cendres de l'abbé Reverony. Uni si étroitement à eux pendant sa vie mortelle, il leur reste uni dans la mort même ; n'ayant formé avec eux qu'un cœur et qu'une âme dans le service de Dieu, il se lèvera avec eux de la poussière du tombeau, quand retentira le signal de la résurrection glorieuse.

La journée des funérailles ne devait pas mettre fin aux hommages dont serait entourée la mort de l'abbé Reverony.

Le plus important de tous fut une lettre adressée par Monseigneur l'évêque de Bayeux au clergé du diocèse. Cette lettre renfermait un résumé de la vie du saint prêtre. Elle commençait par ces paroles autorisées : « Messieurs et chers collaborateurs, le clergé vient de perdre un de ses membres les plus universellement aimés et vénérés : votre Évêque, un conseiller, un collaborateur, un ami ; l'Église, un grand serviteur. » — Elle se terminait par ces lignes émues : « Notre affliction est grande, et pourtant c'est un cri de reconnaissance qui part de Notre cœur brisé par la douleur. Oui, ô mon Dieu, Nous vous remercions de Nous avoir donné un tel prêtre pour collaborateur, pour modèle et pour ami dans Notre redoutable ministère ! »

Le vénérable Chapitre de l'insigne église cathédrale

_____

(1) Que je meure de la mort des justes.

tint à honneur de convier les amis de l'abbé Reverony à un service solennel pour le repos de l'âme de son aimé doyen.

La paroisse de Saint-Pierre, que l'abbé Reverony n'avait jamais oubliée, eut pour son ancien Pasteur le souvenir du cœur. A l'appel du prêtre zélé qui a recueilli dans le ministère de cette paroisse la succession de l'abbé Reverony, après avoir été à Vaucelles son compagnon de vicariat, elle vint avec empressement prier pour le défunt, entendre son éloge et peut-être aussi prier celui que tous regardaient comme déjà en possession de la gloire qui donne aux saints leur pouvoir d'intercession.

Partout où l'abbé Reverony avait passé, à Vaucelles, dans ses chères communautés, dans les paroisses dont il avait été l'apôtre, dans celles, plus nombreuses encore, dont il avait été le bienfaiteur, ce fut un concours unanime et touchant de regrets, d'hommages et de prières.

Et maintenant, ce récit de sa vie vient, comme un hommage d'un autre genre, s'ajouter à tous ceux dont a été entourée la mémoire de l'abbé Reverony. Est-il digne de la belle figure dont il a prétendu fixer les traits et conserver le souvenir? Mieux que personne je sens tout ce qui y manque. Les saints seuls peuvent louer convenablement les saints. Tel qu'il est, et sinon par sa valeur, du moins par la vie qu'il rappelle, peut-être sera-t-il capable d'apporter à mes frères dans le sacerdoce quelque édification; aux âmes pieuses qui ont joui des conseils de l'abbé Reverony, un bienfaisant écho de ses paroles et de ses vertus; à ceux qui ne l'ont pas intimement connu, mais qui ont entendu prononcer son nom, comme il était prononcé dans notre cher pays et ailleurs, la raison des sentiments qui rayonnaient autour de ce nom béni. Fasse le Cœur de Notre-Seigneur, que le saint prêtre invoquait avec tant de foi et de piété à ses derniers instants,

qu'il en soit ainsi de cet humble volume ! Et si, comme c'est
la conviction de beaucoup, l'abbé Maurice-Joseph Reverony
est maintenant au ciel, qu'il daigne bénir ces pages et bénir
aussi celui qui a été heureux de les écrire, en reconnaissance
de la bienveillance que lui témoigna autrefois le Vicaire
général de Bayeux.

Nous avions eu d'abord la pensée de donner ici en entier le discours de M. de Vendeuvre ; mais réflexions faites, nous n'en donnerons que la belle conclusion. Le reste offrant sous le rapport du dogme et de la discipline des idées que l'Église de France a heureusement répudiées, sous la sage impulsion des Pontifes Romains.

Enfin, Messieurs, tous mes principes me défendent de faire prêter le serment requis, parce que je le crois contraire à notre religion, parce qu'il me semble nuire à notre liberté et à notre bonheur ; et puisque c'est le Maire qui est ordinairement chargé de cette fonction, et qu'il est garant et responsable de l'exécution du décret du 27 novembre, bien déterminé à mourir plutôt que de trahir ma foi et mes premiers serments, je vous demande d'arrêter qu'il sera fait sans délai des représentations à l'Assemblée nationale . . . .

. . . .

Puisque ma douleur profonde et des inquiétudes que je croyais fondées n'ont pu vous déterminer, Messieurs, en faveur de la délibération que j'avais l'honneur de vous proposer, je respecte votre arrêté ; mais aussi en satisfaisant à la voix de ma conscience, à ce que mes principes exigent, je dois remettre et remets actuellement à la commune tous les pouvoirs qu'elle m'a confiés : je ne puis exercer ces pouvoirs. Lorsque mes concitoyens m'ont honoré de leur confiance, ils n'ont jamais entendu et je n'ai jamais compris que je m'en servirais pour compromettre leur religion et la mienne, en exigeant des pasteurs un serment qui blesse leur conscience. Jamais je n'ai vu dans nos fonctions municipales que celles qui intéressent la tranquillité publique, les bonnes mœurs, et le bonheur de tous ; j'ai cherché à les remplir avec tout le zèle que m'inspirait l'amour de mes semblables ; et si je suis contraint de vous quitter, Messieurs, par un attachement sévère à nos principes, je vous prie d'agréer ma vive sensibilité et tous mes regrets, et de croire, tous, que j'ai le cœur navré de tristesse, et que, de loin comme de près, l'amour de mes concitoyens sera toujours l'un de mes premiers sentiments.

TABLE DES MATIÈRES

Pages.

Chapitre Ier. — Naissance. — Famille. — Enfance. — Sainte-
Marie 1

Chapitre II. — École de droit. — Vocation 20

Chapitre III. — Séminaire. — Issy. — Saint-Sulpice . . . 39

Chapitre IV. — Ordinations. — Dispositions de l'Ordinand.
— Lettres à sa famille. 60

Chapitre V. — Vicariat de Vaucelles de Caen. — Dévouement
et charité du jeune vicaire 75

Chapitre VI. — Voyage et séjour à Rome pendant le Concile.
— Mgr Verrolles se l'attache en qualité de secrétaire. . . 86

Chapitre VII. — L'aumônier militaire. — Son affectueux
dévouement pour les mobiles. — Influence qu'il exerce sur
les officiers et les soldats. 95

Chapitre VIII. — Curé de Saint-Pierre de Caen. — L'abbé
Reverony donne l'exemple des vertus qui caractérisent le
vrai pasteur. 112

Chapitre IX. — M. Reverony prédicateur, apôtre 138

Chapitre X. — Le directeur des personnes du monde . . . 161

Chapitre XI. — Le directeur des religieuses. — Le supérieur
des communautés 180

Chapitre XII. — Le Vicaire général. — Il refuse l'épiscopat. 192

Chapitre XIII. — Les derniers jours. — La mort. — Les
obsèques. 211

Note 223

LA CHAPELLE-MONTLIGEON. — IMP. DE NOTRE-DAME DE MONTLIGEON.

www.ingramcontent.com/pod-product-compliance
Ingram Content Group UK Ltd.
Pitfield, Milton Keynes, MK11 3LW, UK
UKHW021644170726
13836UKWH00005B/2381